U0034451

度化

釋迦如來應化事蹟 卷二

行遍十方世界，看佛陀遊化人間的故事

企劃——柿子文化　撰文——黃健原（淼上源）

Image 4

度化，釋迦如來應化事蹟卷二：
行遍十方世界，看佛陀遊化人間的故事

企　　劃　柿子文化
重撰繪製　清・永珊
撰　　文　黃健原（淼上源）
封面設計　林淑慧
主　　編　劉信宏
總 編 輯　林許文二

出　　版　柿子文化事業有限公司
地　　址　11677 臺北市羅斯福路五段 158 號 2 樓
業務專線　（02）89314903#15
讀者專線　（02）89314903#9
傳　　真　（02）29319207
郵撥帳號　19822651 柿子文化事業有限公司
投稿信箱　editor@persimmonbooks.com.tw
服務信箱　service@persimmonbooks.com.tw

業務行政　鄭淑娟、陳顯中

初版一刷　2020 年 12 月
定　　價　新臺幣 399 元
I S B N　978-986-99768-0-0

歡迎走進柿子文化網 http://www.persimmonbooks.com.tw
臉書搜尋 60 秒看新世界
～柿子在秋天火紅 文化在書中成熟～

國家圖書館出版品預行編目 (CIP) 資料

度化，釋迦如來應化事蹟卷二：行遍十方世界，看佛陀遊化人間的故事 / 柿子文化企劃；黃健原（淼上源）撰文 . -- 一版 . -- 臺北市：柿子文化 , 2020.12
面；　公分 . -- (Image ; 4)

ISBN 978-986-99768-0-0(平裝)
1. 釋迦牟尼 (Gautama Buddha, 560-480 B.C.) 2. 佛教傳記

229.1　　109018139

總序

《釋迦如來應化事蹟》一書，又名《釋迦如來密行化跡全譜》，本書是以漢傳經典編纂而成的佛陀傳記，也是佛教史資料（於佛滅後到佛法傳入中國之間），可以說是一種流通於漢地民間的佛傳與佛史圖書。

據此書序文〈重繪釋迦如來應化事蹟緣起〉內容來看，此書應是清朝乾隆年間鎮國公永珊，對《釋氏源流》（明寶成編）進行了重新撰寫和繪圖而成書的版本。考古專家認為此書是存量極少的佛教古籍圖書，而該書為雕版印刷，應是清乾隆五十八年和碩豫親王裕豐，以明代刊本為底本，再摹刻上版，於嘉慶十三年刊成。

另外，再從〈釋迦如來成道記〉一文來看，這篇文章相當於最初的佛傳史記的大綱，之所以安置於此書作為序文，推測很可能是漢傳佛傳書籍流傳的緣故，可見此書最早是源自於唐王勃所撰的《釋迦如來成道記》（此書亦有唐道誠注的《釋迦如來成道記註》二卷）。之後歷經許多朝代的增修，明寶成編集的《釋迦如來應化錄》六卷，各篇章亦與此書篇章極為類似，可見在明清時期，佛傳故事的架構已經成型。又於《楊仁山居士遺書》卷中〈與王雷夏（宗炎）書〉便提及刻印流通此書之事：「接十七日手函，領悉種種。《釋迦譜》一書，久欲刊板，而無來款。貴友欲刻此書，可喜之至，但敝處所擬刻者，是藏經內十卷之本，與現在流通之本，繪圖二百餘幅者，迥不相同。此本原名《釋迦如來應化事蹟》，世俗呼為釋迦譜也，十卷之本，弟有明刻，二十年前交卓如兄，至今未還。若欲發刻，須將原書索回，否則無可借也，刻貲約在二百數十元……」由此可知此書在當時，即廣為流通。

然而，現今我們對於此書還是非常陌生，相關於此漢傳佛傳古書之研究，亦不多見。《釋迦如來應化事蹟》可以說是以漢傳佛教的佛傳代表，亦可以從中發現許多較少被提及的漢譯經典故事。

本書切分成四卷，第一卷從本生故事，到兜率天降生、入母胎、出生、出家、降魔、成道；第二卷為佛陀成道之後的度化事蹟，以漢傳「五時說法」開展，因此首篇為〈華嚴大法〉，其後則為佛陀教化事蹟；第三卷的佛傳有濃厚的漢傳佛教特色，除了獨特的人事物描述，還對漢譯大乘經典有輪廓性的概說；第四卷則以敘述佛入涅槃事蹟為主，並敘述佛滅後，法的付囑成為漢傳各宗的祖師傳承之依據。

本次的整理再版，不僅保留了古書的原始圖文，更加入了易於閱讀的白話文。每一張圖均有簡要的說明，以了解繪圖的意涵。這裡要說明的是，本系列各卷的篇章排序，均遵從古籍版本的編排方式，但從內容的陳述與事件故事的串接上來看，某些篇章應該是為了因應漢傳佛教的教義精神，而在流傳的過程中不斷增加了許多章篇，產出各種版本，因而有了一些變動。

此外，又附上註解，以說明文章的原始經文出處，或補充原始經典故事內容，或簡說相關的佛教專有名詞。希望透過此書的再刊，使現代人能感受古人閱讀佛傳的韻味，另一方面，也讓更多對漢傳佛教有興趣者，能飽覽漢譯佛典之精萃。

由於古籍圖稿因為逐年的轉載刊印，以致某些線條或圖塊有缺損或虛化的現象，本書的刊印，對此做了嚴謹審慎的整修，但缺損過劇之處，仍尊重原始版畫而保留原貌，以期能給讀者最好的古典韻味。

第二卷 前序

第二卷「度化」，主要收錄佛在成道後的度化事蹟，承續漢傳系統佛教思想，其特色之一就是「五時說法」。五時即：一、華嚴時，如來初為大乘根器者首宣說《華嚴經》，如日照高山之時，主要化大乘菩薩，所以名華嚴時。二、鹿苑時，如來說《阿含經》之處即鹿野苑，如日照幽谷之時，於鹿苑中說四諦法，化聲聞眾，所以名鹿苑時。三、方等時，為說方等諸經，如日照平地，說維摩、楞伽等經，所以名方等時。四、般若時，如日照禺中之時（巳時，即上午九時至十一時），廣說般若空慧之法，所以名般若時。五、法華涅槃時，如日輪當午，說法華、涅槃，所以名法華涅槃時。

因此首篇為〈華嚴大法〉，指出佛在成道後，展開華嚴法界。第二篇〈頓制大戒〉講的是菩薩戒。在〈梵天勸請〉之後，佛才對聲聞五比丘初轉法輪，又度富樓那、耶舍、三迦葉。接著，又回祖國，度釋迦族人，包括度弟難陀、兒子羅睺羅，又姨母大愛道請求出家等，以及須達長者布金買地的典故。

在經典出處的部分，除了延續先前引用的漢譯佛傳經典《佛本行集經》、《大莊嚴經》、《因果經》、《普曜經》等外，又增加了《雜寶藏經》、《賢愚經》、《觀佛三昧經》、《未曾有因緣經》、《中本起經》、《法句譬喻經》、《處胎經》等譯本。此外，也有一些個別事件的單獨簡短譯本，如《月光童子經》、《玉耶經》、《乳光佛經》、《貧窮老公經》，以及漢傳佛教僧人所著作或編纂類的《戒壇圖經》、《經律異相》等，這些都使得本書故事更為多元豐富。

目次

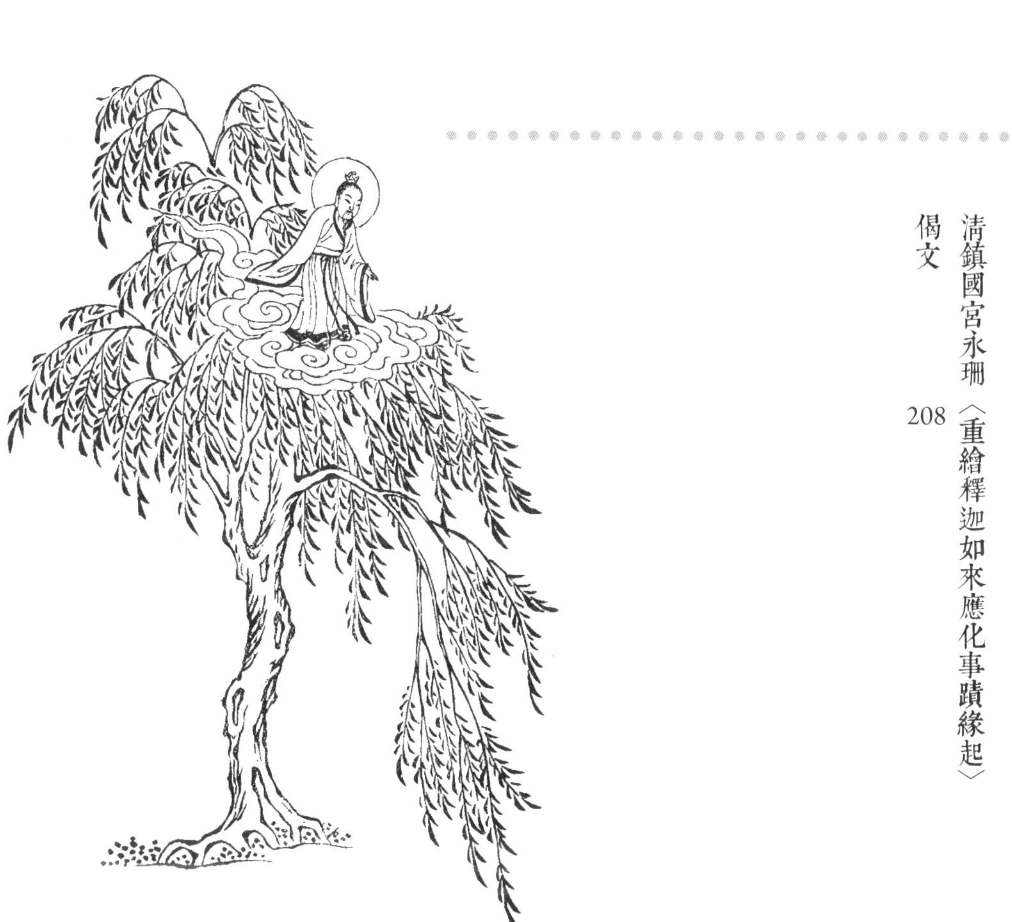

華嚴大法

當時佛陀在摩竭提國菩提場中成等正覺，同時十方世界有無量微塵數的菩薩，祂們都是法身大士，以及宿世大乘根器已熟的眾生，以及天龍八部等，如雲拱月般圍繞著世尊，一心瞻仰。

佛陀於最初三七日，現盧舍那身，為諸菩薩說《華嚴經》，此經名為頓教，共有七處九會三十九品：世主妙嚴品、如來現相品、普賢三昧品、世界成就品、華藏世界品、毗盧遮那品、佛名號品、四聖諦品、光明覺品、問明品、淨行品、賢首品、昇須彌山頂品、須彌山頂偈讚品、十住品、梵行品、初發心功德品、明法品、昇夜摩天宮品、夜摩天宮偈讚品、十行品、十無盡藏品、兜率天宮品、兜率宮中偈讚品、十迴向品、十地法門品、十定品、十通品、十忍品、阿僧祇品、壽量品、菩薩住處品、佛不思議法品、如來十身相海品、如來隨好光明功德品、普賢行品、如來出現品、離世間品、入法界品。

佛陀在成道後，度化眾生的先後順序，如以日光為喻，在日出之時，光明先照山頂，再照幽谷，最後普照一切大地，這是因為山勢有高有低，所以照耀時，有前有後。佛陀出現於世間，成就無量無邊智光，而度化眾生的方式也是如此，祂先度化菩薩，其次度化緣覺，接著度化聲聞，然後度化善根成熟的眾生，最後普度一切眾生。

◀佛陀成等正覺，於最初三七日，現盧舍那身，為諸菩薩說《華嚴經》，十方世界無量微塵數菩薩、法身大士及天龍八部，如雲拱月般圍繞著世尊。

華嚴大法

華嚴經[1]云。爾時如來。始成正覺。在寂滅場。與四十一位法身大士。及宿世根熟。天龍八部。一時圍繞。如雲籠月。是時如來現盧舍那身。說圓滿修多羅。名為頓教。此經有七處九會。三十九品。說世主妙嚴。如來現相。普賢三昧。世界成就。華藏世界。毗盧遮那。如來名號。四聖諦。光明覺。菩薩問明。淨行。賢首。升須彌山。山頂偈贊。十住。梵行。發心功德。明法。升夜摩天。夜摩偈贊。十行。十無盡藏。升兜率天。兜率偈贊。十回向。十地。十定。十通。十忍。阿僧祇。壽量。菩薩住處。佛不思議。十身相海。如來隨好。普賢行。如來出現。離世間。入法界等品。譬如日出。先照高山。次照幽谷。乃至普照一切大地。但山有高下。照有先後。如來出現世間。亦復如是。成就如是。無量無邊法界智光。先照菩薩。次照緣覺。次照聲聞。次照決定善根眾生。隨機受化。然後普照一切眾生。

原典註解

①**華嚴經**：全稱《大方廣佛華嚴經》，漢譯本最早為《六十華嚴》（東晉佛馱跋陀羅譯）。之後有《八十華嚴》（唐實叉難陀譯），及《四十華嚴》（唐般若譯）。其最初流傳於南印度，之後傳播到西北印度和中印度。梵文本目前只發現《十地經》（相當於《十地品》）和《樹嚴經》（相當於《入法界品》），其單行本流傳於尼泊爾，此外就只剩殘卷散佚各處。

《華嚴經》緣起是佛成道後於菩提場等，藉普賢、文殊諸大菩薩而顯佛的果德莊嚴，廣大圓滿，無盡無礙。華嚴所提出的十方成佛和成佛十法階次等思想，即菩薩的十信、十住、十行、十迴向、十地等法門行相和修行果位差別，對大乘佛教理論發展影響深遠。在隋唐時弘傳極盛，出現專弘《華嚴經》教觀的華嚴宗。七世紀時，新羅僧義湘來唐修學於智儼，回國後成為朝鮮華嚴宗之初祖。八世紀，《華嚴經》在日本流傳，後有唐道睿東渡弘傳，為日本華嚴宗初祖。

頓制大戒

盧舍那佛坐於千葉蓮花上，放大光明，向千花臺上的釋迦佛宣說出自心地法門的金剛寶戒，這是一切諸佛的本源，菩薩的佛性種子，彰顯了一切眾生皆有佛性。

當時釋迦牟尼佛初成正覺，就先制定了菩薩戒，其中主要的精神在於孝順父母，尊敬師僧三寶。孝順至道之法，就是戒，也稱制止。依循孝道，而至無上菩提道。佛放出無量光明，為諸大眾說一切諸佛大乘戒。

佛告諸菩薩說：「你們這樣發心菩薩，為大眾的佛子，應當受持此戒律。佛子們仔細聽了，如果有人發心要受佛戒，無論他是國王、王子、百官、宰相、比丘、比丘尼、十八梵天、六欲天子、庶民、黃門、淫男、淫女、奴婢、八部鬼神、金剛神、畜牲，甚至是由神通力而變化顯現之人，只要能了解法師所說的話，皆可受戒。菩薩戒的十重戒：第一不殺生、第二不盜財物、第三不邪淫、第四不妄語、第五不酤酒、第六不說四眾過、第七不自讚毀他、第八不慳惜加毀、第九不瞋心不受悔、第十不謗三寶。除此，尚有四十八條輕戒，第一條不敬師友戒乃至第四十八條破法戒。受過佛戒的弟子們都要敬心奉持。」

◀盧舍那佛現千葉蓮，放大光明，向釋迦佛宣說金剛寶戒。故佛初成正覺，便制定了菩薩戒，孝順父母、尊敬師僧三寶為根本，而至無上菩提道。

頓制大戒

梵網經❶云。爾時盧舍那佛。坐千葉蓮花上。放大光明。告千花臺上釋迦佛。說心地中金剛寶戒。是佛本源。菩薩佛性種子。一切眾生皆有佛性。爾時釋迦牟尼佛。初成正覺已。初結菩薩波羅提木叉❷。應當孝順父母。師僧三寶。孝順至道之法。孝名為戒。亦名制止。佛即放無量光明。為諸大眾。說一切諸佛大乘戒。佛告諸菩薩言。汝等一切發心菩薩。大眾諸佛子。應當受持。佛子諦聽。若受佛戒者。國王。王子。百官。宰相。比丘。比丘尼。十八梵天。六欲天子。庶民。黃門❸。淫男。淫女。奴婢。八部鬼神。金剛神。畜生。乃至變化人。但解法師語。盡受得戒。佛子有十種無盡藏戒。第一不殺生。第二不盜財物。第三不邪淫。第四不妄語。第五不酤酒。第六不說四眾過。第七不自讚毀他。第八不慳惜加毀。第九不瞋心不受悔。第十不謗三寶。及第一不敬師友至第四十八破法等戒。諸佛子。皆當敬心受持。

原典註解

①**梵網經**：全稱《梵網經盧舍那佛說菩薩心地戒品第十》，又稱《梵網菩薩戒經》，後秦鳩摩羅什譯，因與《華嚴經》多有相通之處，故被認為是華嚴的結經，為漢地傳授大乘戒最有權威的典籍，為大乘各宗所通用。此經所說的戒，稱為菩薩戒。以開發佛性為宗旨，亦可稱「佛性戒」，勸人孝順父母、師僧、三寶等，眾生受佛戒即入諸佛位，以行菩薩道為主。本經提到菩薩十波羅提木叉及四十八輕戒相。十波羅提木叉即菩薩十重戒，順次為：殺戒、盜戒、淫戒、妄語戒、酤酒戒、說四眾過戒、自讚毀他戒、慳惜財法戒、瞋不受悔戒、毀謗三寶戒。四十八輕戒如不敬師長、飲酒、食肉、食五辛、不舉教懺等。

②**波羅提木叉**：指防止身口等過，是遠離諸煩惱，能得解脫所受持之戒律。又作波羅提毗木叉、般羅底木叉等。意譯為隨順解脫、別解脫、最勝、無等學。以戒防護諸根，增長善法，為諸善法中之最初入門者，故稱波羅提木叉。

③**黃門**：意譯為閹人、不男，指男根損壞之人。

觀菩提樹

世尊初成正覺時，無量諸天皆悉稱讚如來功德。當時世尊坐於菩提樹下，觀菩提樹王，目不轉睛，進入甚深禪定，以禪悅為食，既不饑餓，也不口渴，也不起座。

就這樣經過七日，欲界、色界上的諸天子各捧寶瓶，盛滿香水，來到佛住處，恭敬禮拜，並請如來澡浴。世尊接受請求，澡浴畢，諸天子等奉獻上天妙衣服，燒天妙香，散天妙花，供養如來。

同時，有無數天龍八部鬼神人，各取如來澡浴之水，以灑自身，也因此生起了道念。諸天子等將所剩餘的之水帶回天宮，其香氣仍然不滅，而且唯獨只有佛的香味，而沒有其他氣味。因而諸天子皆大歡喜，發起菩提之心。

此時，有一名普花天子，向佛請求開示：「世尊在這七日結跏趺坐，達到身心不動，不知這是住於何種三昧禪定？」

佛說：「這種正定稱為如來喜悅三昧，如來常以此喜悅三昧為食而住。如來亦由此定力，於最初七日，結跏坐觀菩提樹，不起於座，立志斷除無始無終的生老病死根本；第二七日周匝經行，以三千大千世界為邊際；至第三七日觀菩提場，目不轉睛，終於斷除生死，得成佛道。」

◀普天子問佛：「世尊七日結跏趺坐，身心不動，入何種三昧禪定？」佛說：「此為如來喜悅三昧，如來以此為食而住。」

觀菩提樹

觀菩提樹

莊嚴經云。世尊初成正覺。無量諸天皆悉稱讚如來功德。爾時世尊。觀菩提樹王。目不暫捨。禪悅為食❶。無餘食想。不起於座。經於七日。欲界色界諸天子等。手捧金盆。各執寶瓶。盛滿香水。來詣佛所。頭面頂禮。請如來澡浴。世尊受請浴已。諸天子等。各各奉獻天妙衣服。燒天妙香。散天妙花。供養如來。無量天龍人等。各取如來澡浴之水。以自灑身。皆發道意。諸天子等。各還天宮。所將餘水。香氣不滅。惟聞佛香。不聞餘香。心生歡喜。發菩提心。時有天子。名曰普花。白言世尊。世尊住何三昧。於七日中。結跏趺坐。身心不動。佛言。如來以喜悅三昧❷。為食而住。由此定力。於七日中。結跏趺坐。不起於座。為居此處。斷除無始無終。生老病死故。於七日觀樹不起。至二七日周匝經行。三千大千世界以為邊際。至三七日觀菩提場。目不暫捨。斷除生死。得成佛道。

《原典註解》

①**禪悅為食**：是指修行人以禪法資養心神，入於禪定，得禪定之樂，身心適悅，增長善根，資益慧命，能養諸根，一如世間之食能長養肉身，存續精神，故名禪悅食。「禪悅」指入於禪定者，身心愉悅。《華嚴經》〈淨行品〉：「若噉食時，當願眾生，禪悅為食，法喜充滿。」《法華經》〈五百弟子受記品〉：「其國眾生常以二食，一者法喜食，二者禪悅食。」《心地觀經》：「唯有法喜禪悅食，乃是聖賢所食者。」

②**喜悅三昧**：見《金剛頂一切如來真實攝大乘現證大教王經》：「爾時，婆伽梵復入常喜悅大菩薩三昧耶，出生寶加持，名金剛三摩地一切如來喜悅三昧耶，名一切如來心，從自心出。」在《四教義》中提到：見思惑破，故真空喜悅三昧成；惡業塵沙惑破，故一切眾生喜見三昧成；無明破，故喜王三昧成。以自修行力，得如此三諦歡喜三昧，可見為佛菩薩位所修持之三昧境界。

龍宮入定

佛陀來到摩利支處，跏趺而坐。這時，迦羅龍王及目真鄰陀龍王相繼到來，並對佛說：「我這宮殿，過去曾經布施諸佛，今日世尊來此，亦請憐憫接受我這宮殿，在此少住幾日。」

佛接受龍王之請，入定而坐，經七日不起。這七日中，風雲變色，又起大寒風，雨勢不停歇，變成天寒地凍。諸龍王從宮殿出，以龍身七重圍繞擁蔽佛身，又以七頭垂世尊頂上，作成大傘蓋，不令世尊身體受寒冷、風濕，及蚊虻諸蟲侵襲佛身。

七日過後，佛出定，龍王化作年少婆羅門身，來到佛前，頂禮佛足，對佛說道：「我將自己的龍身繞佛七匝，又以七頭覆蓋在世尊頂上，這並非要恐怖擾亂如來禪定，而是擔憂您寒冷風塵及諸蟲侵襲世尊之體，所以才如此的。」佛說：「善哉！我今就為你授三皈五戒，你當得安樂果報。」

目真鄰陀龍王說：「只要是世尊教言，我當遵從，不敢有違。」於是，目真鄰陀龍王即從佛所，受三皈依，所謂皈依佛、皈依法、皈依僧；又受五戒。於世間中為最初受三皈、五戒而得度的龍王。

◀佛接受龍王之請，入定於龍宮，因天寒地凍，龍王將自己的龍身繞佛七匝，又以七頭覆蓋在佛頂上，以防寒風及諸蟲侵襲。佛便為龍王授三皈五戒。

龍宮入定

龍宮入定

本行經云。世尊向摩利支處而坐。時迦羅龍王。復有目真鄰陀龍王[1]。詣於佛所。白言。我此宮殿。已曾布施諸佛。今日世尊。受我宮殿。憐愍我故。少時住此。佛受而坐。經於七日不起。時彼七日興雲注雨。起大冷風。雨不暫停。遂成寒凍。時諸龍王從宮殿出。以其大身。七重圍繞。擁蔽佛身。復以七頭。垂世尊上。作於大蓋。嶷然而住。莫令世尊身體寒冷。風濕諸蟲。觸世尊體。時龍王化作年少婆羅門身。在於佛前。頂禮佛足。而白佛言。我今不以恐怖嬈亂如來。但恐世尊身有冷風塵。觸世尊體。思惟是事。覆世尊身。爾時世尊。告目真鄰陀龍王言。汝大龍王。來受三歸。並受五戒。汝當長夜得安樂故。時目真鄰陀龍王。即白佛言。如世尊勅。不敢有違。其目真鄰陀龍王。即從佛所。受三自歸依。歸依佛。歸依法。歸依僧。復受五戒。於世間中。最初龍王而得度也。

原典註解

①**目真鄰陀龍王**：梵名 Mucilinda，意譯脫王、解脫處，又據《慧琳音義》載，龍王於此目真鄰陀窟中，聞法而得解脫。其將龍身纏繞世尊七匝的地方，即「目支鄰陀龍池」，據《大唐西域記》所載：「帝釋化池東林中，有目支鄰陀龍王池。其水清黑，其味甘美。西岸有小精舍，中作佛像。昔如來初成正覺，於此宴坐，七日入定。時此龍王警衛如來，即以其身繞佛七匝，化出多頭，俯垂為蓋。」可見玄奘於西元七世紀到訪，此水池已存在。一八八二年，英國人重新疏浚，而蓮花池水中的一座目真鄰陀龍王護佛像，為緬甸佛教徒於一九八四年捐獻。現今位於大菩提塔南面的蓮花池，又有傳說目真鄰陀龍王池應該是從此地再往南約二公里之處。

林間宴坐

世尊於龍宮中禪定，經七日後，出定而起。這時有一位天子，神通自在，從身上放出最殊勝的光明，在夜半時，照著尼拘陀樹，就如同白晝一樣明朗。

祂來到佛所，頂禮佛足，對佛說：「我過去是一個牧羊人，當您在林中六年苦行，我曾將乳汁恭敬地供養奉獻於您，還折下尼拘陀樹枝，插在您的身旁作為蔭涼。由於這樣的善根福德因緣，我命終之後，得生三十三天，成為大福德威力天子。我今日能有這樣的果報，是由於您的無量福德。如今您已證得無上菩提，而當時樹枝也已長成大樹。惟願世尊憐憫我，再次到昔日的尼拘陀樹下，跏趺而坐，在這樹蔭下，隨意安樂。」

佛接受請求，來到了尼拘陀樹下，跏趺而坐，入定七日不動，以解脫力，受大安樂。過七日之後，正念正知，從三昧起，對天子說：「你既然來了，可來從我受三皈、五戒，將來當得更大安樂。」天子受佛教誡，即從佛受三皈、五戒。於是，這位天子便成為天人中，最先受三皈、五戒的優婆塞。

◀一位天子，過去世為牧羊人，曾供養佛乳汁，折樹枝為佛作蔭。由此因緣，命終後生三十三天。天子請佛禪坐於尼拘陀樹下，並受三皈、五戒為優婆塞。

林間宴坐

林間宴坐

本行經云。爾時世尊。於龍宮定起。有一天子。神通自在。身出大色。最勝光明。照彼尼拘陀樹[1]。以天光明。自照明朗。詣向佛所。頂禮佛足。即白佛言。我於往昔。為牧羊子。當於世尊為菩薩時。在彼六年苦行之中。曾將乳汁淨心供養。奉上世尊。復折尼拘陀樹枝。為作蔭涼。以此善根因緣。即便命終。得生三十三天。為大福德威力天子。我今得世果報。況今世尊。得成無上菩提。惟願世尊當今為我。還彼樹下。受彼樹蔭。隨意安樂。憐愍於我。世尊聽許。願往昔日牧羊子之所。尼拘陀樹下。跏趺而坐。世尊往詣彼樹下。入定七日不動。以解脫力。受安樂故。爾時世尊。以過於彼七日之後。正念正知。從三昧起。告天子言。汝天子來。可從我邊。受三自歸。並及五戒。汝當長夜得安樂故。而彼天子受佛敕已。即受三自歸。及受五戒已。時於世間。最初天中。成優婆塞。

原典註解

①**尼拘陀樹**：梵語 nyag-rodha，又稱尼拘樹、尼拘留他樹、尼拘婁陀樹、尼拘律樹等。桑科榕屬常綠大喬木，也稱孟加拉榕，原產於印度，形狀類似榕樹，可達十八公尺以上，枝葉繁茂，四方蔓生，葉呈長橢圓形，葉端尖狀，氣根常自側枝生，深入地下，而成支柱，以支持樹體，因此一樹即可成林。由於其種子甚小，佛典常比喻由小因而得大果報，《大乘無量壽莊嚴清淨平等覺經》以「如尼拘樹，覆蔭大故」來比喻極樂世界菩薩之廣大智慧。又據經典云，過去七佛中的迦葉佛在此樹下成佛。

四王獻鉢

世尊走到了乳汁林時，有人要供養飲食。祂心想：過去諸佛都是以鉢器接受供養，而我該用什麼器皿來受食呢？

這時，四天王從四方而來，持四個金鉢要獻給世尊，但世尊並沒有接受，因為祂想，出家人並不適合用如此貴重的鉢。四天王便換上四個銀鉢給世尊，世尊還是沒有接受。於是四天王又換成四頗梨鉢、四琉璃鉢、四瑪瑙鉢、四硨磲鉢等，世尊也都沒有接受。

這時，北方毗沙門天王對另外的三位天王說：「記得從前青色諸天曾獻給我們四個石鉢，並說：『你們可以用這個石鉢來受食。』當時另有一位天子說：『你們千萬別以這石鉢受食，而應該供養於佛，當後來有佛出世，號釋迦牟尼，你們可將此鉢獻給世尊。』」

於是，四天王急速回宮，各獻一青石鉢，盛滿天花，以香塗鉢，來到佛所，共同將石鉢奉佛，並對佛說：「但願世尊，能受此石鉢！」

世尊心想：這四位天王以信淨心奉我四個鉢，但出家人只適合受持一鉢。我今如果只受一個人的鉢，其餘三人難免有所怨懟。於是，世尊便把四天王所獻的四個石鉢重疊在一起，安放在左手上，右手按下，然後以神通力，便把四個石鉢合成了一鉢，此石鉢不但堅牢清淨，而且四際分明。

◀四天王各自執石鉢獻奉於世尊，世尊拿起了這四個石鉢之後，便將四個石鉢重疊在一起，用神力把四石鉢合成一個石鉢，皆大歡喜，誰也不得罪。

四王獻鉢

四王獻鉢❶

本行經云。世尊思惟過去諸佛。皆悉持鉢。而受於食。時四天王各從四方持四金鉢。奉上世尊。世尊不受。將四銀鉢。世尊不受。四頗梨鉢。而亦不受。四琉璃鉢。亦復不受。四瑪瑙鉢。而亦不受。四硨磲鉢。亦復不受。時毗沙門天王。告餘天王言。我念往昔青色諸天。將石鉢來奉我等。白言。今此石鉢仁等可用。受食而吃。復有一天子。來白我言。慎勿於此石鉢受食。宜應供養。比之如塔。當來有佛出世。號釋迦牟尼。可將此鉢持奉世尊。時四天王速疾還宮。各執石鉢。盛滿天花。以香塗鉢。來詣佛所。共將四鉢奉佛。白言。唯願世尊。受此石鉢。世尊復念。此四天王。以信淨心。奉我四鉢。我亦不合受持四鉢。若受一人。三人有恨。我今總受四王之鉢。爾時世尊。受四天王鉢已。如是次第相重。安置左手。受已。右手按下。神通力故。合成一鉢。堅牢清淨。四際分明。

原典註釋

①**鉢**：出家人所用食器，或稱為「鉢」，這是音譯梵語所造的新字，從本聲，從金（金屬）或缶（陶器）。佛所用「石鉢」，又稱佛鉢，僅限佛可使用，為有所區別，佛弟子則多持用鐵鉢、瓦鉢等。

「鉢」乃成為僧尼所常持食器，亦為比丘六物之一，持鉢以受他人布施飲食，此持鉢行乞稱為「托鉢」，信眾將所布施食物放進鉢中，僧伽不得擇食，並以鉢為量，亦不得貪多，故又稱應量器、應器。托鉢乞食的修行生活，源於古印度沙門傳統，婆羅門教即有這樣的文化，根據《摩奴法論》，婆羅門一生的第四期，稱為遁世期，為了解脫而遁入山林，以頭陀苦行，托鉢乞食維生，且一日一食。據說釋迦牟尼佛在涅槃時，將三衣一鉢交付給大迦葉尊者，囑咐他住世不入涅槃，直到彌勒下生成佛，將衣鉢傳付。因此，「三衣一鉢」又代表佛教的師承。在漢傳佛教裡，祖師也會將衣鉢傳承。

二商奉食

當時，北天竺有兩位商主，一名帝梨富娑，二名跋黎迦篤，運載五百牛車貨物，路經乳汁林不遠處，忽然，所有牛車都停住，不再前進，即使持鞭抽打，也是不肯前行。兩位商主心生恐怖，合掌祝禱。

這時，守林神現身對商主說：「你等不用驚恐，這附近有佛，剛剛證得正覺，在此林中禪坐，尚未進食。你們可以前往供養一些麵食。」

二位商主聽了之後，各將麵粉加酪蜜摶揉成麵包，捧至世尊面前，頂禮佛足，對佛說：「願世尊為慈憫我們，受此飲食。」於是，世尊便以天王所奉的石鉢，受商主所獻之食，隨即為施主咒願祝福安樂，然後如法而食。

飲用完後，對兩位商主說：「善哉！你們現在可從我這裡受皈依，再受五戒，這讓你們今生他世都可以得安樂，獲大善利。」兩位商主聞佛所受的皈依，非常歡喜，對佛說：「如佛聖教，我們一定遵從，不違背！」便於佛前共同受三皈、五戒。於是，這兩位商主成了在人間最初受三皈、五戒的優婆塞。

之後，兩位商主又對佛請求說：「願您能賜我們一物，好讓我們回鄉造塔紀念，我們將盡形壽恭敬禮拜供養。」於是佛便將身上髮爪施給兩位商主，並對他們說：「若見此物，與我無異。」兩位商主受已，頂禮世尊，繞行三匝，才辭去。

◀兩位商主路經山林，所有車牛忽然停住不前，後得知附近有佛成道，便尋覓佛，供養飲食，二商主因此得受皈依及五戒，成為最初在家的佛弟子。

二商奉食

二商奉食

本行經云。北天竺有二商主[1]。一名帝梨富娑。二名跋黎迦駕。五百牛車。路經乳汁林。不遠而過。車牛皆不肯行。時守林神。謂商主言。此處有佛。始成正覺。汝今最宜在前。將麨供養。商主聞已。即各將麨酪蜜和揣。至世尊前。頂禮佛足。白言。願為我等。受此麨酪蜜揣。爾時世尊。即以天王所奉石鉢。從二商主邊。受於麨酪蜜和之揣。即便咒願。如法而食。食已即告彼二商主言。來從我受。歸依佛。歸依法。歸依僧。復受五戒。當令汝等。長夜安樂。獲大善利。商主聞已。即共白言。如佛聖教。我等不違。即便共受三自歸依。並受五戒。於人世間。最初得度。商主白佛。願乞一物。造塔供佛。世尊。即與二商。佛身髮爪。而告之言。若見此物。與我無異。商主受髮爪已。頂禮世尊。圍繞三匝。辭佛而去。

原典註釋

①**二商主**：即帝梨富娑與跋梨迦羯，為佛陀最初皈依的在家弟子，然而，這時佛教僧團尚未形成，只有二寶（佛寶和法寶），所以佛代替僧寶。一般而言，佛教稱皈依三寶、受持五戒的在家信徒，為「優婆塞」或「優婆夷」（男眾稱「優婆塞」，女眾則稱「優婆夷」），意譯為近事，即親近善法、善士及諸佛法而承事之，此詞原為印度所通用名稱，原義為「侍奉者」、「服事者」，侍奉或服事出家修行者。而近事律儀即優婆塞所受之五戒，《俱舍論》：「安立第一近事律儀，何等名為五所應離？一者殺生，二不與取，三欲邪行，四虛誑語，五飲諸酒。」此五戒為在家優婆塞所受持，又據《優婆塞戒經》所載，受持五戒亦可一分、少分、多分、滿分等方式來受持：受三皈而持一戒者，名一分優婆塞；持二戒者，名少分優婆塞；受持三、四戒者，名為多分；受持五戒者，則為滿分優婆塞。

梵天勸請

釋迦牟尼佛在成正覺後，最初一段日子，經常在林中獨坐，深入禪定。大梵天王率領眾天人一同來到佛所，向佛頂禮，請求：「世尊！您為了度化一切眾生，出家修道，求無上正等正覺，今得成佛，但願世尊不違本誓，為教化眾生而轉法輪。」

此時世尊沉默，祂以慧眼觀察世間，心想：我今如果把這深奧的寂靜涅槃之法廣為人演說，這法恐怕他們也無法了知。所以世尊默然。

大梵天王見世尊依然默然不語，又邀請帝釋天王以及三十三天天眾，一起來禮請如來教化眾生轉大法輪。於是，佛開口了，祂對梵王說：「並不是我不想以正法去度化眾生，只是我所證的涅槃之法，甚深微妙，極寂靜，這種境界難以體悟，更不是凡夫分別思惟之所能解，唯有諸佛乃能證知之。因此我暫且默然。」

大梵天王觀察摩伽陀國有許多外道，藉由地水火風空而修，執著邪見以為正道，他們雖修邪道，其中也應該有人可度。於是，梵王又來請求佛陀：「但願世尊，為器因緣成熟之眾生，轉於法輪。」這時世尊以佛眼觀察，見眾生有具上、中、下三等根基差別，故起大悲心，決定轉大法輪。天王歡喜踴躍，便禮謝而去，瞬間消失。

這時，地神告訴虛空神：「如來已受梵王勸請，轉於法輪。」虛空神得知之後，便將這好消息輾轉傳到了色究竟天。

◀梵王多次請佛轉法輪，佛沉思默然，梵王言，外道雖執著邪見，但其中也應有可度者，世尊以佛眼觀察眾生根基差別，故起大悲心，轉大法輪。

梵天勸請

梵天勸請❶

莊嚴經云。爾時大梵天王。與六十八拘胝梵眾。來詣佛所。頂禮佛足。白言世尊。如來為諸眾生。求無上覺。今得成佛。唯願世尊。轉於法輪。世尊默然。觀察世間。念言我證寂靜涅槃之法。為人演說。彼等皆不能了知。是故默然。時大梵天王。及帝釋天王。乃至三十三天眾頂禮佛已。而請如來。轉於法輪。佛告梵王言。我證甚深微妙之法。最極寂靜。難見難悟。非分別思惟之所能解。唯有諸佛乃能知之。是故默然。時大梵天觀摩伽陀國。多諸外道等。於地水火風空。橫生計度。著於邪見。以為正道。而彼眾生。雖修邪道。有應度者。今當度之。唯願世尊。為此等眾生故。轉於法輪。世尊以佛眼觀見。諸眾生上中下根。起大悲心。轉於法輪。天王聞已。即於佛前。忽然不見。爾時地神。告虛空神唱言。如來今受梵王勸請。轉於法輪。虛空神聞。輾轉傳至阿迦尼吒天。

原典註解

①**梵天**：梵文 Brahmā，意譯清淨、離欲。為宇宙的創造者，古印度將萬有根源「梵」神格化之後所產生，相傳梵天自金胎而生，有四頭、四臂，分別持吠陀經典、蓮花、匙、珠或鉢。與毗濕奴、濕婆並稱印度教三大神祇。

在佛教的天界中，稱色界的初禪天為梵天，此天已離欲界婬欲，寂靜清淨，故云梵天。此中有三天：第一天梵眾天，第二天梵輔天，第三天大梵天，稱梵天者，多指大梵天王，即初禪天之主，此天王身心妙圓，威儀不缺，清淨禁戒，加以明悟，統領梵眾，為娑婆世界主，由修施、戒二種福業，勝他化天；又兼修禪定，而感報得生其中。佛教所說的梵天指大梵天王，名尸棄，深信正法，每逢有佛出世，皆請佛轉法輪，佛教梵天與外道所說的梵天有所不同。

轉妙法輪

世尊來到波羅奈國鹿野苑，昔日護衛祂的憍陳如、摩訶那摩、跋波、阿舍婆闍、跋陀羅闍等五人也在此，他們見佛從遠處過來，便各從座起，禮拜迎請，世尊知五人根器與得度機緣都已經成熟，能領受如來教法，便對他們說：「你們等應當知道：人生有種種的苦，所謂五陰熾盛苦、生苦、老苦、病苦、死苦、愛別離苦、怨憎會苦、所求不得苦，如是諸苦，可是一切眾生不知苦之根本，以致輪迴於生死海中。所以你們啊！應知人生的『苦』，都是由自己造業所『集』；要想『滅』除這些苦，則必須依正『道』而修行，所以說：苦應知，集當斷，滅應證，道當修。」

世尊為憍陳如等五人宣說四聖諦的教法後，五人都當下見道，便向世尊請求出家。世尊道：「善來比丘！」五人於是鬚髮自落，袈裟著身，即成沙門。之後，世尊問五比丘：「比丘們，你們可知色、受、想、行、識，這五蘊是常呢？還是無常呢？是苦呢？還是非苦呢？是空？或非空呢？是有我？或無我呢？」五比丘一聽聞到世尊教法，當下煩惱漏盡，證阿羅漢果，便回答：「世尊。色、受、想、行、識，實是無常、苦、空、無我。」

這時，地神歡喜高聲唱道：「如來今日於此轉妙法輪！」其聲輾轉傳到了三十三天。於是，世間正式有三寶，如來為佛寶，四聖諦法為法寶，五比丘為僧寶。就這樣世間三寶具足，為人天第一福田。

◀佛到鹿野苑時，遇到了昔日的護衛憍陳如等五人，見五人根器已然成熟，遂向五人宣說四聖諦教法，並為之落髮成沙門，於是世間三寶具足。

轉妙法輪

轉妙法輪

因果經云。世尊往波羅奈國。至憍陳如。摩訶那摩。跋波。阿舍婆闍。跋陀羅闍所止住處。五人不覺。互來執事。觀五人根。堪任受道。佛言。憍陳如。汝等當知五盛陰苦。生苦。老苦。病苦。死苦。愛別離苦。怨憎會苦。所求不得苦。失榮樂苦。一切眾生不知苦本。皆悉輪回。憍陳如。苦應知。集當斷。滅應證。道當修。世尊喚彼五人。善來比丘。鬚髮自落。袈裟著身。即成沙門。時世尊問彼五人。汝等比丘。知色受想行識。為是常為無常耶。為是苦為非苦耶。為是空為非空耶。為有我為無我耶。時五比丘❶。聞佛說是五陰無常。漏盡意解。成阿羅漢果。即便答言。世尊。色受想行識。實是無常。苦空無我。地神歡喜唱言。如來今日。於此轉妙法輪。輾轉唱聲。至三十三天。於是世間。始有三寶。如來大聖。是為佛寶。四諦法輪❷。是為法寶。五阿羅漢❸。是為僧寶。為諸天人。第一福田。

原典註釋

①**五比丘**：悉達多太子最初的五位隨從，世尊成道後，最早受到教化的五名比丘，稱「五比丘」，是僧眾中比丘眾的開始，僧團於焉成立。五比丘中，憍陳如與阿說示（阿舍婆闍）為世尊母系親屬，其餘為世尊父系親屬。

②**四諦法輪**：佛陀對五比丘闡述詮釋四聖諦法的《轉法輪經》，五比丘陸續證果，接著又對五比丘說《無我相經》，五位都證阿羅漢果。其中四聖諦，即：一、苦諦：泛指逼迫身心苦惱之狀態，生死為苦之真諦。二、集諦：集，招聚之義，關於世間人生諸苦之生起及其根源。三、滅諦：滅，即寂滅，審實斷除苦之根本——欲愛，則得苦滅。四、道諦，乃八正道，若依此而修行，可達到寂靜涅槃之境。而《無我相經》主要闡述色、受、想、行、識，五蘊並無實體的我。

③**阿羅漢**：梵文 arhat，巴利文 arahanta，意譯「殺賊」，指殺煩惱賊之意；意譯應供，指當受人天供養之意；意譯「不生、無生」，指入涅槃不再受生死輪迴，解脫生死不受後有之意；意譯「無學」，指已究佛之教法，斷一切煩惱，無惑可斷，亦無可學，則稱「無學」，反之，如果已知佛之教法，仍未斷惑，尚有所學者，稱「有學」；意譯「真人」，指證真理之人，或修無偽真道者，趨向證得真諦法，不自傲、不賤他之聖人，皆稱真人。總之，斷盡三界見、思之惑，一切煩惱，證得盡智，而堪受世人供養的聖者，稱阿羅漢。此果位通於大、小二乘，多指聲聞弟子之證得第四果位，又為如來十號之一。

度富樓那

在迦毗羅衛國附近，有一位大婆羅門，曾經是淨飯王的國師。家裡非常富有，擁有很多財寶，他有一個兒子名為富樓那，是國中最聰明的，對很多經論都能通達記憶，而且這位富樓那與悉達多太子是同日出生的，本性也厭離世間，志求解脫。

悉達多太子出家的那天，富樓那也與他的三十位友人一同前往雪山苦行求道。他們修行非常勇猛精進，都獲得四禪五神通。富樓那以天眼看見，世尊正在鹿野苑為五比丘說法，便對道友們說：「你們可與我一起到鹿野苑見世尊，聽聞祂的正法，以修習清淨行。」道友們說：「我們就一起隨行吧！」

於是，富樓那便同三十位道友，從雪山下到世尊住所，頂禮佛足，乞求出家，說：「我們立志出家隨佛修行！唯願世尊慈悲哀憫，度脫我們！」佛便說：「那就隨你們的心意所願吧！」富樓那於是出家，又受戒法，為要求得無上道，他常於空閒時，行住坐臥，時時刻刻都正念正知地修持，勇猛精進，沒有放逸。不久，便斷盡煩惱，證得梵行清淨，一切佛法盡皆實踐，不受輪迴流轉之苦，以其心善而得一切解脫，能作利益眾生的大事業。

佛於是告訴比丘們：「富樓那辯才無礙，宣說教法，最為第一。」

◀富樓那同三十位道友往世尊所，請求出家，勇猛精進，不久便斷盡煩惱，得一切解脫，能作利益眾生的大事業。成為佛弟子中說法第一。

度富樓那

度富樓那[1]

本行經云。迦毗羅國。有大婆羅門。為淨飯王。作於國師。其家巨富。多饒財寶。有子名富樓那。聰明第一。具解韋陀等論。與悉達太子同日而生。本性厭離世間。志求解脫。見太子出家。即與朋友三十人。往至雪山。苦行求道。勇猛精進。獲得四禪五通。以天眼觀。遙見世尊。在鹿苑中。為諸天人說法。謂朋友言。可往見佛。修於梵行。朋友答言。我等從命。即共三十人。從雪山下。到世尊所。頂禮佛足。乞求出家。唯願世尊。度脫我等。佛言。當隨汝意。從心所願。既得出家。乞受戒法。各各用心。獨行獨坐。勇猛精進。不曾放逸。恒住空閒。正心正信。為欲求於無上梵行。已盡諸欲。見諸法相。欲修諸通。即證彼法。已斷煩惱。得證梵行。所作已訖。不受後有。以心善得一切解脫。皆成大德。一切皆悉能作大事。利益眾生。佛告諸比丘。富樓那辯才無盡。說法人中。最為第一。

原典註釋

①**富樓那**：為釋尊的十大弟子之一，全名富樓那彌多羅尼子，簡稱富婁那、彌多羅尼子、彌窒耶尼子、彌窒。意譯為滿慈子、滿祝子、滿願子。「滿」是其名，「慈」是其母姓，故稱滿慈子。「彌多羅」為母族之名，有祝、願之義，因稱滿祝子、滿願子。擅長辯說，專事教化，聞其說法而解脫得度者，多達九萬九千人，《增一阿含經》〈弟子品〉：「能廣說法，分別義理，所謂滿願子比丘是。」稱譽「說法第一」。《雜阿含經》卷十三、《摩訶僧祇律》卷二十三、《有部毗奈耶藥事》卷三等記載，富樓那前往西方輸盧那弘法，該國之人兇惡暴戾、好嘲罵，乃於佛陀允許後，前往為五百優婆塞說法，建五百僧伽藍，令其結足夏安居等事，後於彼地入無餘涅槃。《法華經》〈五百弟子受記品〉載，曾受記成佛，號法明如來。

仙人求度

阿般提國有一巨富婆羅門，姓大迦旃延，為嚴熾王作國王師。他有兩個兒子，長子學有所成，被尊為上座。

第二子名那羅陀，更為聰明。其父令他學習《韋陀論》及諸咒術，那羅陀很快就能通解，便說：「我已通解一切，可為我召集一切眾人，解說經論及技能。」其父就為那羅陀召集一切眾人，果然一切義理都能通達無礙。

長兄聽到弟弟能以短短時間就超越自己，心生惡念，想要陷害他。父親知道後，就帶著次子那羅陀前往頻陀山，拜阿私陀仙人為師。阿私陀知自己時日無多，便細心為他教導經論，不久便成就四禪，具五神通。仙人命終之後，那羅陀也因此得到所有世間名聞利養，那羅陀因貪戀於此，便失去了正念，不信有佛法僧。

有一天，金齊夜叉王對伊羅缽龍王、商佉龍王說：「今城中流傳著這首偈子，聽說要有佛出現世時，才能解這偈子，它是這樣傳的：在於何自在，染著名為染，彼云何清淨？云何得癡名？癡人何故迷？云何名智人？何會別離已，名曰盡因緣。」龍王聽到後，便找到那羅陀仙，詢問此偈子的意義。

這下子，竟把那羅陀給難倒了，他於是來到了佛所，向佛請示。佛便為他開解其義，並為他說種種法，那羅陀聽了法喜充滿，當下向佛請求出家。佛便說：「善來比丘！入我法中，修於梵行。」那羅陀於是出家，因其種族本姓是迦旃延，所以，後人稱他為大迦旃延。

▶龍王詢問那羅陀流傳的偈子，竟把那羅陀給難倒了，於是他向佛請示，佛便為他解釋，還為他說種種法，他聽了法喜充滿，便請求出家，人稱大迦旃延。

仙人求度

仙人求度

本行經云。阿般提國。有巨富婆羅門。姓大迦旃延[1]。與嚴熾王作國王師。第二子名那羅陀。其父令習韋陀論。及諸咒術。次子不久答父。習韋陀諸論。我已通解。今可為我集一切眾。解諸韋陀。及以技能。其父即集大眾。那羅陀解一切論。長兄聞弟能通諸論。心生惡念。欲害其命。其父令次子。往頻陀山。阿私陀仙人處。洞解諸論。以得四禪。具五神通。仙人不久命終。那羅陀以世利養。貪戀著心。無有正念。不信有佛法僧。有伊羅鉢龍王。商佉龍王。為夜叉金齊言。彼城先有一偈[2]云。在於何自在。染著名為染。彼云何清淨。云何得癡名。癡人何故迷。云何名智人。何會別離已。名曰盡因緣。龍王至那羅陀仙所。問此偈義。不能解曉。那羅陀即詣佛所。諮問此義。佛即開解。說種種法。生大歡喜。乞求出家。佛言善來。入我法中。修於梵行。因其種族本姓。名大迦旃延。

原典註釋》

①**大迦旃延**：即摩訶迦旃延也，又稱迦多衍那、為迦多衍那等。生於西印度阿般提國，為國師婆羅門之子，奉王之命，邀請佛陀至其國說法。見佛之後，決心出家，證阿羅漢果後，回國傳法，使佛法傳播到西印度。他思維敏捷，善說法相，有「議論第一」之稱，為十大弟子之一。《增一阿含經》：「善分別義敷演道教，所謂大迦旃延比丘是。」後人被認為說一切有部的《施設論》和大眾部的《蜫勒論》（今譯《藏論》）是他的著作。在《法華經》中佛陀授記他成佛，號閻浮那提金光如來。

②**偈**：關於這偈子的問題，佛陀是如何回答呢？據《佛本行集經》卷三十七：「爾時世尊聞彼說已，即還以偈答那羅陀摩那婆言：『第六自在故，王染名曰染，無染而有染，是故名為癡。以沒大水故，故名盡方便，一切方便盡，故名為智者。』」這裡「第六自在」，《顯揚聖教論》卷四：「為欲證得最勝無漏住自在故，又為解脫彼障故，復作無所有意解思惟故，名第六無所有處解脫。」又《大生義經》：「若離識無邊處已，當觀一切都無所有，此觀成已是為第六無所有處解脫。」

為什麼說在第六無所有處解脫，可以得到最勝無漏住自在？根據《佛光大辭典》指出：「佛弟子生於九地之最後一地有頂地（即非想非非想地），以該地無聖道，故必依鄰近之無所有處定得阿羅漢果，是以此地為有聖道之最後地。」意思是說，在無所有處定，即可證得阿羅漢果，所以以這裡為聖道解脫的最後地，故說可以得自在。

如果以唯識學角度來看，這裡「第六自在」，應是指在第六意識解脫，而得到了自在，因為在八識的活動中，以第六意識的分別心最強，所以產生妄念執著，因此把第六意識解脫了，便可初步得「自在力」，如《宗鏡錄》所說：「隨心轉變，由彼意解自在力故，種種轉變，又由定心自在力故，隨其所欲。」

而「王染名曰染，無染而有染，是故名為癡。」這裡的「王」應指「八識心王」的染污，這是因為我見而執取，產生「癡」，因而障蔽了「智慧」，如《瑜伽論記》云：「斷除染法。後起心王不與染俱，名心解脫。」。

耶舍得度

有一長者的兒子，名叫耶舍，有大辯才，聰明智慧，但常於世間五欲中生厭離心。某夜半，耶舍見空中大放光明，便循著光走到了鹿野苑，他見佛三十二相、八十種好，威德具足，便頂禮佛足，說：「唯願世尊，救度於我。」

佛便隨順他的根器而為之說法：「你可知道色、受、想、行、識，無常、苦空、無我等之理？」耶舍回答：「是的，我聽聞此說。色、受、想、行、識等法，實在是一切皆無常、苦、空、無我。」於是他便於聞此諸法中遠塵離垢，得法眼淨，成阿羅漢，隨即又說：「世尊！唯願世尊，許我出家。」佛便說：「善來比丘！」耶舍於是於當下即現比丘相，成了沙門。

這時，耶舍的父親因為見不到兒子，沿路尋找，來到了佛所。佛先讓耶舍隱身，然後對耶舍的父親宣說無常之法：「善男子！色、受、想、行、識，無常、苦、空、無我，你可知道嗎？」耶舍的父親一聽聞此語，頓時遠塵離垢，得法眼淨。佛知道他已見於道，便問道：「你是什麼原因來此呢？」他答說：「我是為了找尋兒子而來的。」這時，佛即收攝神力，讓他們父子相見。

耶舍父親心大歡喜，便於佛前受了三皈依，成了優婆塞。而耶舍有五十位朋友，聽說耶舍隨佛出家，也一同到佛所，願求出家。佛陀也一樣依他們的根器而說法，每個人都煩惱都漏盡。佛於是說：「善來比丘！」他們也都成了沙門。

從此，便有了五十六位阿羅漢。佛對比丘們說：「你們煩惱都已斷了，道果也已經證，你們勘為世間作無上福田，也可以各自遊方教化，以慈悲心度諸眾生。」

◀耶舍隨佛出家，他的父親四處尋找他，來到了佛所。佛讓耶舍隱身，然後對耶舍的父親說法，他頓時得法眼淨，佛便讓他受三皈依，耶舍也順利出家。

耶舍得度

耶舍得度❶

因果經云。有長者子。名耶舍。有大辯才。聰明智慧。於中夜分。見空中光明。尋光詣鹿野苑。見佛三十二相。八十種好。禮佛白言。唯願世尊。救濟於我。佛言色受想行識。無常苦空無我。汝知否。答言實是。聞是語已。得法眼淨。成阿羅漢。願求出家。佛言善來比丘。即成沙門。時耶舍父尋子耶舍。至於佛所。佛以神力隱耶舍身。而為說法。善男子。色受想行識。無常苦空無我。汝知否。耶舍父聞已。遠塵離垢。見於道跡。如來問言。何緣至此。答言尋子。佛攝神力。父子相見。心大歡喜。佛即受三自歸。為最初優婆塞。又有耶舍朋類。五十長者子。聞耶舍出家。共詣佛所。願求出家。佛言色受想行識。無常苦空無我。汝知否。聞已。漏盡意解。佛言。善來比丘。即成沙門。是時始有五十六阿羅漢。佛告比丘。汝等堪為世間。作無上福田。宜各遊方教化。以慈悲心。度諸眾生。

原典註解

①**耶舍**：梵文名 Yasa，又譯為耶輸陀，也稱智度耶舍，耶舍的意思是上傘、寶蓋。據說他出生時，天上出現寶傘，因此而名，《佛本行集經》：「此子初生，上有寶蓋，自然出現，以是因緣，名聞流布，遍於一切，是故此子，應名上傘。於是後人相共稱喚，為耶輸陀。」為俱梨迦長者之子，出於豪族，住豪華宮殿，但內心常求清淨梵行的生活。隨佛出家後，成為僧團中第六名比丘，第七位阿羅漢。《佛本行集經》：「彼時世間成就一十一阿羅漢：第一世尊，二五比丘，三耶輸陀，及其在家最勝朋友四大長者善男子是。」之後，他又引領五十位朋友一起出家。佛陀也度了耶舍之父，被認為是僧團成立之後，正式皈依三寶的第一位優婆塞，其母為第一位優婆夷。

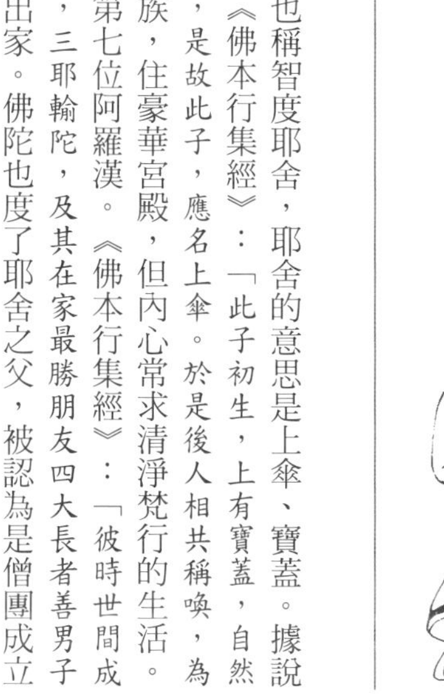

船師悔責

某日世尊安詳步行，從閉塞城來到了恆河岸，當時河水暴漲，流水蔓延到岸上。世尊想要渡此河，來到了渡船頭處，向船師說：「乞請你渡我過河到對岸。」船師說：「尊者！如果要我渡你過河，你得先付給我渡河的錢。」世尊說：「我是出家人，已經捨棄了一切財寶，視錢財如瓦石土塊一般。所以我現在身無分文，拿不出錢給你啊！」船師說：「尊者！既然你沒有錢可以給我，那就不要指望我渡你過河了。」

這時世尊忽然看見一群雁鳥，從恆河南岸向北面飛空而來，便說：「雁群啊！你們渡這恆河，也不曾問船師需要多少價碼，各自靠著自身的力量，飛空自在隨意到達。我應當以神通，騰空翱翔如你們雁群一樣；如同走到了恆河水的南岸，能安隱定住如同須彌山。」才一說完，便騰空過河。

船師見佛陀轉眼之間即過了彼岸，生起大悔心，因而自責：「我今幸運能遇到大修行人，而不知布施大福田，沒發心渡祂到彼岸，修德福的機緣就這樣錯失了！」念頭一出來，便悶絕於地，經過很久才醒，他從地而起，便前往摩伽陀國向頻頭王稟告此事。王聽到此事，便對船師下令說：「從今日以後，凡是出家之人，要求渡河者，勿索取渡船費。」

◀佛求渡河，船師索價。佛身無分文，忽見群雁翱翔，便示神力，騰空自渡。船師大悔，失修福良機。國王知此，下令：凡出家眾求渡彼岸，一律無價。

船師悔責

船師悔責

本行經云。世尊安詳漸行。從閉塞城至恒河岸。河水暴漲。平流彌岸。世尊欲渡。詣船師邊。即語船師言。乞願渡我。向於彼岸。船師報言。尊者當與我渡價。然後我當渡於尊者。世尊報船師言。我今何處得有渡價。但我除斷一切財寶。沒有見者。觀於瓦石土塊無殊。我以是故。無有渡價。船師復言。尊者若不能與我渡價。終不相濟。世尊忽見一群雁。從恒河南岸。飛空而來向北。而說偈言。諸雁群黨渡恒河。不曾問彼船師價。各運自身出己力。飛空自在隨所之。我今應當以神通。騰空翱翔猶彼雁。若至恒河水南岸。安隱安住如須彌。時彼船師。見佛過已。心生大悔。我睹大聖福田。而不知施。渡至彼岸。如是念已。悶絕躃地。良久乃蘇。從地而起。即詣摩伽陀主[1]頻頭王邊。奏如是事。王聞此事已。即勅船師。從今已去。凡是出家之人。求欲渡者。勿取價直。

原典註釋

①**摩迦陀主**：頻頭王摩揭陀國國王即頻婆娑羅王，又稱頻毗娑羅王、頻頭娑羅王或瓶沙王。意譯影勝王、顏貌端正王、光澤第一王、好顏色王。王有兩位夫人，一憍薩羅夫人，一稱韋提希夫人，兩人與王皆信佛。國王皈依為優婆塞，供養僧伽，護佛教法，在經律中多有記載。在佛證道前，國王曾祈請佛於得道後，先至王舍城受供養，佛默許，後佛證道，便先至王舍城說法，王建竹林精舍，供佛及弟子，為最初之外護者。

據《撰集百緣經》卷六〈功德意供養塔生天緣〉所載，晚年其後由於身體漸衰，無法前去禮拜，於宮殿內之塔寺安置佛之髮、爪，香花明燈禮拜，據《有部毗奈耶破僧事》記述，後太子阿闍世與提婆達多共謀篡位，將頻婆娑羅囚禁於後宮，王不堪苦刑，迷悶而死。漢譯佛典《頻婆娑羅王經》為宋代法賢譯，為《中阿含》〈頻鞞娑邏王迎佛經〉之別譯，敘說頻婆娑羅王聞佛聲名，往詣佛所，佛並為國王說生滅無常之法。

降伏火龍

世尊想：優樓頻螺迦葉兄弟三人，聰明易悟，但我慢心重，我今就往彼處，教化他們正法。於是祂到迦葉的住處，那時天色已晚，佛向迦葉借住一宿。迦葉說：「這石室中有毒龍，性情凶暴，恐怕傷害你。」佛說：「雖有毒龍也無妨，只要你肯借就好。」迦葉說：「你如果不怕這毒龍，那就隨意住了。」佛便進入石室，結跏趺坐，佛並沒有任何畏懼，自然而然入三昧正定。

這時，毒龍見有人進來，便全身出煙；佛則入火光三昧，也和龍一樣全身出煙。毒龍瞋怒心起，身中出火，佛清淨的內心沒有恐懼或對抗，全身籠於一片熾然光明之境，鏡子般反應出如龍一般的火，那火光滅了毒龍之火、卻不損龍身，石室中猛火熾燃，毒龍見那烈火，終於心生怖畏而屈服。

迦葉夜晚起來，看見石室內被煙火燒盡，心想：這位年少沙門不聽我的勸告，看來是被毒龍害了，心有不忍，就命令弟子以水澆熄。但那火不但不能熄滅，火勢反而更加熾盛。這時世尊以慈悲力降伏毒龍，並為牠授三皈依，然後入佛陀的鉢中盤身而住。

天明時，世尊持鉢而出，迦葉師徒都來問訊：「昨夜龍火非常猛烈，尊者是否受到傷害呢？」世尊只是淡淡說：「只要內心清淨，終不會被外面的災難境界所傷害，你石室中的毒龍，此時就安住在這鉢中。」世尊便把鉢舉起展示給迦葉看。迦葉師徒見世尊處在火中而不被燒，並降伏毒龍置於鉢中，迦葉歡喜讚歎未曾見過。

◀迦葉問：「昨夜龍火猛烈，尊者是否受到傷害？」世尊說：「內心清淨的人，終不會被外境所傷害，毒龍已安住在鉢中。」

降伏火龍

降伏火龍

因果經云。世尊念言。優樓頻螺迦葉❶。有大名稱。我當詣彼。教以正法。即往尋之。日既將暮。佛語迦葉。欲於石室❷。止住一宿。迦葉言。石室中有毒龍。恐相害耳。佛言。雖有毒龍。但以見借。迦葉言若能住者。便自隨意。爾時如來。即入石室。結跏趺坐。而入三昧。爾時毒龍。舉體煙出。世尊即入火光三昧。佛亦出煙。龍大瞋怒。身中出火。佛亦出火。二火俱熾。焚燒石室。迦葉夜起。見室盡然。驚怖歎惜。此大沙門。端正尊貴。不取我語。今為火龍之所燒害。遽令弟子以水澆之。水不能滅。火更熾盛。爾時世尊以神通力。制伏毒龍。授三歸依。置於鉢中。明旦持鉢。盛龍而出。迦葉師徒。白言世尊。龍火猛烈之所傷耶。佛言。我內清淨。終不為彼外災所害。彼毒龍者。今在鉢中。即便舉鉢。以示迦葉。迦葉師徒。見於世尊。處火不燒。降伏毒龍。置於鉢中。迦葉歡喜歎未曾有。

原典註解

①**迦葉**：指迦葉三兄弟，為佛弟子優樓頻螺迦葉、那提迦葉、伽耶迦葉三兄弟。迦葉是他們的姓，三人都以所住地名為其姓名，伽耶城、優樓頻螺聚落都位於摩揭陀國王舍城西方；「那提」為河流之意，在流經伽耶城東的尼連禪河旁。兄弟三人在未皈依佛以前，原是拜火教，皆信奉事火外道，祀奉火神阿耆尼，後為佛所度化，遂率領弟子加入佛僧團。三兄弟過去曾在毗婆尸佛時共起剎柱、建塔婆的因緣而成為兄弟。另外，在今印度山崎（Sanchi）大塔塔門之浮雕中，雕有佛陀教化三迦葉之事蹟。

②**石室**：佛陀降火龍之處，載在《大唐西域記》卷八：「度迦葉波兄弟西北窣堵波，是如來伏迦葉波所事火龍處。如來將化其人，克伏所宗，乃止梵志火龍之室。夜分已後，龍吐煙焰，佛既入定，亦起火光，其室洞然，猛焰炎熾。諸梵志師恐火害佛，莫不奔赴，悲號愍惜。優樓頻螺迦葉波謂其徒曰：『以今觀之，未必火也，當是沙門伏火龍耳。』如來乃以火龍盛置缽中，清旦持示外道門人。其側窣堵波，五百獨覺同入涅槃處也。」

急流分斷

世尊走到尼連禪河岸，見水流湍激，便以神通力入於水中，這時只見河水分開左右兩邊，中現出一條道路，佛行走於其中，但兩旁波浪高於佛頂。

迦葉誤以為佛被流水漂走，急忙和弟子們乘船尋救。佛見迦葉乘船從旁擦身而過，便入於水中，從船底進入，但船底竟然沒有任何痕跡。迦葉因此非常敬服佛陀，便向佛禮拜，請願出家為沙門。

佛說：「你先回去轉告你的弟子們，如果也能使他們一同修學正法，那就更好了！何況你是有影響力的，也為眾人所敬，如今要修學正道，也不該只是獨善其身。」迦葉聽從佛的話，便回去對弟子們說：「你們可知，佛的道德、慈悲、智慧與神通力都是第一人，這是我親眼所見，我心悅誠服。所以我已經決定隨佛出家，受戒作沙門。至於你們未來去留，可以各隨心意。」弟子們說：「師父所信從的必然不虛，我們都願意隨從作沙門。」

於是，師徒眾等脫去外道服，以及水瓶、杖、草鞋，包括事火器具等，也全都丟入水中，一同來到佛前，拜首說：「我們五百弟子，皆有淨信心，願作沙門！」佛說：「善來比丘！」於是迦葉等五百人，同時剃除鬚髮都成沙門。

▲迦葉誤以為佛為流水所漂，急忙乘船尋救。佛入於水中，從船底而入，現全身於船上，船底竟無任何痕跡。迦葉甚為敬服，便與眾弟子隨佛出家。

急流分斷

急流分斷

普曜經云。世尊至尼連禪河。水流激疾。佛以神通斷水令住。使水分開。佛行其中。迦葉[1]見之。畏佛所漂。即令弟子。乘船取佛。佛即從水中。貫船底入。無有穿跡。迦葉稽首。願作沙門。佛言。且還報汝弟子。共和益善。卿是耆舊。國內所敬。今欲學道。可獨知乎。迦葉受教。告諸弟子。汝曹知不。我目所見。意方信解。欲受佛戒。求作沙門。汝等意欲何趨。諸弟子曰。願皆隨從。得作沙門。於是師徒。脫衣裘褐。及水瓶杖屣。諸事火具。悉棄水中。俱詣佛前稽首白言。今我五百人。皆有信意。願作沙門。佛言善來。迦葉五百人。剃除鬚髮。皆成沙門。

原典註釋

①**迦葉**：即優樓頻螺迦葉，又作優留毗迦葉、優樓頻蠃迦葉、烏盧頻螺迦葉波等。或稱為耆年迦葉、上時迦葉，因為頭上結髮如螺髻形，故又稱螺髮梵志。《一切經音義》卷七十一：「烏盧頻螺迦葉波，此云木瓜林，在此林下修道，故以名焉。迦葉波是姓，舊言優樓頻螺。正法華經云：上時迦葉，兄弟三人，居長者也。」可知此名為地域名稱，其為三迦葉的兄長，又為頻婆娑羅國王的老師，後帶領五百弟子，一同皈依佛陀。佛陀稱讚他為護持四眾，四事供養第一，《增一阿含經》卷三：「將養聖眾，四事供養，所謂優留毗迦葉比丘是。」《法華經文句纂要》卷一：「優樓頻螺能將護四眾，供給四事，令無所乏，最為第一。」（四眾者：即比丘、比丘尼、優婆塞、優婆夷也。四事供養：即飲食、衣服、臥具、醫藥之供養。）

二弟皈依

迦葉還有兩位弟弟，一位名那提，較小的另一位名竭夷，二人也各自帶領二百五十位弟子，住在尼連禪河下游廬舍水岸。

某天有人發現河面上漂浮著梵志事火之具和他們的衣物，順水流而下。兩位弟弟驚愕，擔心兄長與徒眾五百人已被惡人所害，遭大洪水漂流，於是緊急集合了五百弟子，逆流而上至他們的住處，只見兄長與徒眾都已出家作沙門，心中感到怪異，問：「大師兄年歲高至一百二十，智慧高遠，舉國上下尊敬承事；我一直以為大哥已證羅漢。想不到大哥現在反而捨棄梵志道業，學沙門法。難道佛法真的如此至高無上、超越獨勝嗎？」

迦葉回答：「是的！佛道的確最為尊貴，其法門無量。我卻只是世間之學，尚未得道，如今遇到佛的慈悲教化，殊勝難得，佛的神通智慧，望塵莫及，佛法究竟圓滿清淨，慈心度人無數，常以三事教化眾生：一、佛成就甚深禪定道力，能神通變化自在；二、佛的智慧，能洞達人心中的心念；三、能應眾生無量病惱，給予病藥。」

兩位弟弟聽了之後，也心生敬仰，便與五百弟子都向佛請求，願作沙門。佛說：「善來比丘！」只見兩位弟弟及五百弟子，鬚髮自落，袈裟著身，皆成沙門。這時，隨佛出家共一千多名弟子。佛常為弟子們宣說教法，弟子們莫不歡喜，都同證羅漢果。

◀迦葉的兩位弟弟，發現河面漂浮火具和衣物，以為兄長被惡人所害，逆流而尋，見兄長及其徒眾皆出家而作沙門，才知佛道更勝，亦隨佛出家。

二弟皈依

二弟皈依

普曜經云。迦葉二弟。次名那提❶。幼名竭夷❷。二人各有二百五十弟子。廬舍水邊。見諸梵志。事火之具。隨水下流。恐兄五百人。為惡人所害。大水所漂。即合五百弟子。逆流而上。見兄師徒。皆作沙門。怪問大兄。年百二十。智慧高遠。國王吏民。皆共宗事。我意以兄。為是羅漢。今反捨梵志業。學沙門法。佛豈獨大。其道勝乎。迦葉答曰。佛道最尊。其法無量。我雖世學。未有得道。神智如佛。其法清淨。慈心度人無極。以三事教化。一者道定神足。變化自然。二者智慧。知人本意。三者應病授藥。二弟與五百弟子。俱同聲言。願如大師求作沙門。佛言。比丘來。二弟及五百弟子。鬚髮自墮。袈裟著身。佛便有千沙門。佛即為說經。莫不歡喜。悉皆羅漢。

原典註釋

①**那提**：即那提迦葉，又作難提迦葉、曩提迦葉、捺提迦葉、捺地迦葉波。「那提」意譯江河名，因此人在那提河邊得道，故稱此名。梵漢共譯為江迦葉、河迦葉、治恆迦葉。《法華經義記》卷一：「迦葉猶是姓也，那提者河名也。昔是外道，其人事外神，領五百徒眾，住在那提河邊，值佛受道，得羅漢道，猶以昔河為名也。」其為優樓頻螺迦葉之弟，伽耶迦葉之兄。初為事火外道，帶領三百弟子住尼連禪河下游。佛陀成道後，先度其長兄，後那提與其弟共率弟子歸佛。佛讚歎他降伏諸結，精進第一，《增一阿含經》卷三：「心意寂然，降伏諸結，所謂江迦葉比丘是。」《法華經文句纂要》卷一：「心意寂然，降伏諸結，精進第一。」

②**竭夷**：即伽耶迦葉，又作迦夷迦葉、哦耶迦葉、竭夷迦葉。伽耶，意義為象城，以其居家在王舍城南七由旬，而稱之。《翻譯名義集》卷一：「伽耶迦葉，孤山云，伽耶，山名，即象頭山也。文句翻城，近此山故，家在王舍城南七由旬。」《法華經義記》卷一：「伽耶迦葉者，昔日亦是外道，其人事火，領五百徒眾住在伽耶城中，如來往化，即捨邪徒，正得羅漢道，仍以本所住城為名也。」其生於印度摩揭陀國之伽耶近郊，為優樓頻螺迦葉及那提迦葉之弟。原與兄長皆為事火外道之師，有二百五十名弟子，後與二兄隨佛出家，佛讚歎他，教化眾生，最為第一，《增一阿含經》卷三：「觀了諸法，都無所著，所謂象迦葉比丘是。」《法華經文句纂要》卷一：「觀了諸法，都無所著，善能教化第一。」

棄除祭器

迦葉三兄弟還有一外甥，名優波斯那，是螺髻梵志，在阿修羅山中修學仙道，也有弟子二百五十人，他聽說三位舅舅和弟子們都皈依佛陀，出家修行，便來到三迦葉住處，對他們說：「舅舅們白白祀火百年，也白修那些苦行了；今天你們捨離這個祀火法，如同只是蛇脫了老舊的皮而已。」

迦葉三兄弟說：「我們以前祀火苦行，其實都是徒勞而無益的。現在我們才覺悟佛法才是最勝妙，怎麼可以錯過！」

這時，優波斯那便對眾弟子們說：「我三位舅舅有正知見，因此隨佛出家，我今日也將前往佛所，出家修學梵行，你們就各隨己意。」弟子們則表示願意隨從。於是，他們一同到佛所，向佛請求：「我今願帶領弟子們一起加入佛法，修習清淨行。」佛說：「你們既然要修學正法，應該把身上鹿皮衣和祭火器，全部都拋棄掉。」眾梵志說：「遵佛所教，我們依教奉行不違。」他們便回到居所，將所有的祭火器具全部都棄毀了。然後又到佛所，願求出家。

世尊應許了他們，並為他們開示種種心地法要，讓他們體悟無為法，使這些新出家弟子很快地全部煩惱都滅盡，並得到身心解脫，證阿羅漢，然後再以三種神通示教，令他們得到殊勝利益，二百五十位弟子從此隨侍世尊。

▲迦葉三兄弟有一外甥，聞知三位舅舅已棄祀火之法，皈依佛法道，便詢問之。迦葉告知：祀火苦行，徒勞無益，佛法更為勝妙。遂棄火具，隨佛出家。

棄除祭器

棄除祭器

本行經云。爾時三迦葉有一外甥。螺髻梵志。名優波斯那。在阿修羅山中。共二百五十弟子。修學仙道。彼聞其舅。迦葉三人。及諸弟子。俱投佛聖。悉皆出家。來至舅前。而說偈言。舅等虛祀火❶百年。亦復空行彼苦行。今日同捨於此法。猶如蛇脫於故皮。優波斯那告諸弟子。我今欲往佛所。修於梵行。汝意云何。弟子答言。我等亦當隨從。俱詣佛所。白言。我今願將弟子。入佛法中。當修梵行。佛言。當自取汝鹿皮之衣。及祭火器。悉皆擲棄。諸梵志言。奉教不違。即至居處。將祭火具。盡皆棄毀。還至佛所。願求出家。世尊聽許。即為彼等。增更說法。還以三種神通。示教利喜。是時衆等。於無為法。悉盡諸漏。心得解脫。爾時世尊。聚集諸比丘衆。所謂此等二百五十人俱。並悉從於梵志出家。皆阿羅漢。而得為首。最勝最妙。最上最尊。即得自利。隨侍世尊。證會說法。

原典註釋

①**祀火**：據《梨俱吠陀》所載，宇宙來源形式有三種：天界為太陽、空界為雷電之火、地界則為祭火，成為印度教梵天、毗濕奴、濕婆三神思想。《梨俱吠陀》讚美火神之讚歌就占了五分之一，可見其對「火」的崇拜。

吠陀教以及印度婆羅門教的火神，稱阿耆尼，阿耆尼一詞本身即是梵文「火焰」，古印度人相信供奉給阿耆尼（火）的祭品，將被淨化及傳達旨意到其他神祇，至今印度教還存在著火祭司。印度婆羅門教及印度教祭祀中必置之供奉物，有所謂的「三火」，即：一、家主火，供養諸神及婆羅門供物所設之火；二、供養火，位於家主火之西方，燒供物奉獻諸神；三、祖先祭火，供物奉獻祖先，位於家主火之南。

不過，佛陀對婆羅門拜的這三種火，也給予另一種不同詮釋，以方便教化婆羅門，經文載於巴利文《增支部》的《大祭祀經》，漢譯佛典載於《雜阿含經》卷四：「然婆羅門當勤供養三火，隨時恭敬，禮拜奉事，施其安樂。何等為三？一者根本，二者居家，三者福田……謂善男子方便得財，手足勤苦，如法所得，供養父母，令得安樂，是名根本火……謂善男子方便得財，手足勤苦，如法所得，供給妻子、宗親、眷屬、僕使、傭客，隨時給與，恭敬施安，是名家火……謂善男子方便得財，手足勤勞，如法所得，奉事供養諸沙門、婆羅門，善能調伏貪、恚、癡者，如是等沙門、婆羅門，建立福田，崇向增進，樂分樂報，未來生天，是名田火。」經文中佛陀解釋這三火的意義，所謂「根本火」就是供養父母，令得安樂，是名根本火。所謂「居家火」是供給妻子、宗親、眷屬、僕使、傭客，隨時給與，恭敬施安，是名家火。所謂「福田火」為奉事供養諸沙門、婆羅門，建立福田，是名田火。此外，佛又應滅三毒火，《雜阿含經》卷四：「婆羅門！今善男子先所供養三火應斷令滅。何等為三？謂貪欲火、瞋恚火、愚癡火。」

竹園精舍

世尊與迦葉兄弟三人和千位比丘，一同來到摩揭陀國王舍城。

頻婆娑羅王率領了朝臣百官出城迎接，禮拜問訊後，佛便為頻婆娑羅王等人開示：「大王當知，此五蘊身心，以意識為根本；因於意識故，而生意根；以意根故，而生於色；而此色法，生滅不常住。如果能作如是觀者，便可知此色身乃至世界一切皆屬無常，不可久住，如此觀身，不執取身相，則能漸離自我執著，不生染著，即遠離顛倒妄想執取，了知無我及無我所，斷種種苦惱，當下即得解脫。」頻婆娑羅王及眾臣聽聞此法，都得到法眼淨。

頻婆娑羅王說：「今日感恩世尊的教化，我將發願供養世尊及比丘僧，衣食無有匱乏，但願世尊能在竹園精舍居住。」佛同意了頻婆娑羅王所求。國王回城之後，便命令群臣，於竹園造精舍，裝飾得極為莊嚴。起造完畢後，他便來到佛陀居所，恭請佛與比丘前往精舍。

佛便率領弟子們，與國王一同到了竹園，無量諸天前後圍繞著，這時國王手執寶瓶，盛滿香水，走到了佛前，說：「我以此竹園精舍供獻佛及比丘僧，願您能哀憫納受。」佛便受之，並為頻婆娑羅王祝願。自佛陀創教後，頻婆娑羅王為第一位禮見佛之王，並建立第一座供僧的竹園精舍。

◀佛與比丘眾至王舍城。佛為頻婆娑羅王等開示無常之法，王及眾臣聞法，而得法眼淨。王發願供養世尊及比丘眾，建第一座供僧的竹園精舍。

竹園精舍

竹園精舍❶

因果經云。世尊即與優樓頻螺迦葉。兄弟三人。及千比丘。往王舍城。詣頻婆娑羅王所。王與百官。出城迎佛。佛為說法。大王。此五陰身。以識為本。因於識故。而生意根。以意根故。而生於色。而此色法。生滅不住。如是觀者。善知無常。如此觀身。不取身相。則能離我及以我所。若能觀色。離我我所。即知色生。便是苦生。若知色滅。便是苦滅。若人能作如是觀者。是名為解脫。王聞法已。大臣人民。得法眼淨。時王白言。我從今日。供養世尊。及比丘衆。當令四事。不使乏少。惟願世尊。住於竹園。佛言大善。王勅諸臣。速於竹園。起諸堂舍。惟願世尊。往住於彼。佛與比丘。及無量諸天。前後圍繞。作諸伎樂。與王俱往竹園。時王手執寶瓶。盛以香水。於如來前。而作是言。我今以此竹園奉上如來。及比丘僧。唯願哀愍。為我納受。諸王見佛。最為其首。諸僧伽藍。最為始也。

原典註釋

①**竹園精舍**：又稱迦蘭陀竹園、竹園伽藍、竹林精舍、大林精舍，位於中印度摩揭陀國王舍城北方之迦蘭陀村，因盛產竹，故名為迦蘭陀竹園。關於竹園精舍建立之由來，有不少說法，或傳為迦蘭陀長者所奉獻之竹林，或說由頻婆娑羅王建造伽藍而成，佛未成道之時，王與佛相約，謂如佛成道，將供養之，佛在成道後，乞食至王舍城，王遂建立精舍，如《大般涅槃經》卷二十九：「我初出家未得阿耨多羅三藐三菩提時，頻婆娑羅王遣使而言：『悉達太子若為聖王，我當臣屬。若不樂家，得阿耨多羅三藐三菩提者，願先來至此王舍城說法度人，受我供養。』我時默然已受彼請。」

竹園精舍為佛教史上第一座供僧建築，也是佛教寺院的前身，佛陀在世時，多於此處弘法。與舍衛城之祇園精舍並稱為佛教最早之二大精舍。竹園精舍位於王舍城內，佛陀時代中印度大國摩揭陀國的都城（位於現今菩提伽耶東北方九十公里處），據《大唐西域記》卷九：「山城北門行一里餘，至迦蘭陀竹園。今有精舍，石基甎室，東闢其戶。如來在世，多居此中，說法開化，導凡拯俗。」目前整座精舍只有一座大水池，佛陀時代相關建築都已不再，但可見到竹林茂密，並有簡介竹林精舍歷史的紀念堂。

領徒投佛

在王舍城中，有兩位聰明智慧的婆羅門，一名舍利弗，一名目犍連，他們各有一百弟子。他們互為親友，彼此珍惜，並一起立誓言：如果將來誰能先得聽聞妙法，一定要互相告知。

某天，舍利弗在路上遇見阿舍婆耆比丘入城乞食，他見這位比丘的威儀舉止非常安詳與莊重，令他非常敬服，於是便上前詢問他：「請問你的老師是誰？他平時都教導你什麼呢？說些什麼法呢？」比丘回答：「我的老師是釋迦牟尼佛，具一切種智，祂是人天大導師，相好莊嚴，智慧神通力，都是與世無等。因為我出家不久，對佛的教法還不是很了解，只能就我所知的一部分告訴你。我記得佛常說：『一切諸法本，因緣生無主；若能解此者，則得真實道。』意思是，世間一切事物都只是各種條件因緣聚合，事物本身並沒有一個主體。能了解這甚深道理的人，才算得到了真理。」

舍利弗因善根成熟，一聽聞此偈，便當下遠塵離垢，見到真理。他回去住處時，反覆思量教義，心想：一切眾生都執著於我，而有生死輪迴，如果能除我執，破我見，則離生死。想著想著，心中大法喜。

目犍連過來看見舍利弗寂靜安定，滿臉愉悅，便問他：「我見你容貌怡然自得，想必是你已得聞妙法。」舍利弗便把他所遇見的一切都一一向目犍連詳說。目犍連一聽，也有所覺悟，於是便與舍利弗率領二百位弟子，共同到竹園精舍，請求佛度出家。佛說：「善來比丘！」便度為沙門。這時世尊座下共有一千二百五十位出家僧眾，祂就這樣在摩竭提國（即摩揭陀國）弘法，廣度眾生。

◀舍利弗見比丘威儀非凡，便向前詢問，比丘說：一切諸法本，因緣生無主；若能解此者，則得真實道。舍利弗有所頓悟，便與目犍連率弟子隨佛出家。

領徒投佛

領徒投佛

因果經云。王舍城中。有二婆羅門。聰明智慧。一名舍利弗[1]。一名目犍連[2]。各有一百弟子。二人共為親友。極相愛重。咸共誓言。若先得聞妙法。遞相開示。時舍利弗。忽於路次。逢見阿舍婆耆比丘。入城乞食。威儀庠序。即便問言。汝師何人。有所教誡。演說何法。比丘答言。我師是甘蔗種。天人之師。相好智慧。及以神通。無與等者。我既年幼。學道日淺。豈能宣說如來妙法。然以所知。當為汝說。即說偈言。一切諸法本。因緣生無主。若解此者。則得真實道。舍利弗聞已。即於諸法。遠塵離垢。得法眼淨。時舍利弗還至住處。時目犍連見舍利弗。諸根寂定。即便問言。必聞妙法。舍利弗。具如上說。目犍連聞已。得法眼淨。即將二百弟子往詣竹園。遙見如來。相好端嚴。心生歡喜。願求出家。佛言善來。度為沙門。爾時世尊。與千二百五十人。於摩竭提國。廣度眾生。

原典註釋

①**舍利弗**：又作舍利弗多、舍利弗羅、舍利弗怛羅等。意譯鶖鷺子、鶬鴿子。由於其母出生時眼睛似舍利鳥，故命名舍利，舍利弗即「舍利之子」。梵漢譯舍利子、舍梨子。舍利弗未出家前，就通曉四吠陀，十六歲即能折伏他人論議。年少即剃除鬚髮，從六師外道刪闍耶毗羅胝子出家學道，七日即貫通教旨，會眾奉之為上首，但舍利弗仍深憾未能盡得解脫法。舍利弗出家後，成為佛陀十大弟子之一，有「智慧第一」之稱，為「逐佛轉法輪將」，被稱「第二師」，能代替佛而說法，即釋尊以下，只有他一人而已。佛陀對舍利弗極為稱歎：「汝今如是為我長子，住於儀法，我所應轉法輪，汝亦隨轉。」在弘揚佛法上，舍利弗有極大的貢獻。

②**目犍連**：又作摩訶目犍連、大目犍連、大目乾連、目連等。別名拘律陀，摩揭陀國王舍城人。為佛陀十大弟子之一，有「神通第一」稱號。目犍連與舍利弗為莫逆之交，兩人皆出家於六師外道刪闍耶，之後各收弟子數百人，並相約先得悟解脫者必以相告。在佛陀弟子中，舍利弗與目犍連被稱為佛門「雙賢」，為佛陀的左右推手。佛陀曾說：此二人者，當於我弟子中，為最上首，智慧無量，神足第一。《增一阿含經》卷四十一：「眾中之標首，唯吾與汝二人耳。」但目犍連晚年被執杖梵志所殺，他知這是業報，即使神通第一也逃不了業報。

迦葉求度

在偷羅厥叉國有一婆羅門，名迦葉，精通經論，廣學多聞，有大智慧，而且家中巨富，還有一美貌端正的妻子。但夫婦二人並沒有情欲之念，也不樂在家，他們都厭離世間，一心只想出家求道，於是他捨棄了家業，進入山林之中，他常這樣想：諸佛如來都出家修道，我今也要隨佛出家。於是他脫去身上金縷衣，換上了壞色衣，自己剃除鬚髮，現了出家相。

這時，諸天人見迦葉出家之心非常堅決，便對他說：「在釋迦族中，淨飯王有一太子名為悉達多，他出家修道，而且已經成佛，號釋迦牟尼佛，今與眾弟子就住在王舍城的竹園精舍。」迦葉聽了便趕往佛處。

而世尊已知迦葉將來，便走到竹園見迦葉。迦葉一見佛相好莊嚴，威儀俱足，即便頂禮，合掌說：「世尊慈悲，為一切眾生皈依處，我願為大師弟子。」佛當說：「你應當要先知道這五陰色身是個大苦聚。」迦葉一聽，當下便覺悟見道，證了阿羅漢果。

於是，迦葉便隨同世尊一同回到了竹園。這位迦葉不僅聰明智慧，又具大威德，為天人敬重，故稱他為「大迦葉」。一直到佛滅度後，他住持佛法教化，並結集三藏，流傳佛法，使後世眾生得聞佛法。

◀ 大迦葉家中巨富，但厭離世間，一心求道，因知有佛成道，便至佛所，佛為其開示，即成就阿羅漢。佛滅度後，他住持佛法結集三藏，流傳後世。

迦葉求度

迦葉求度

因果經云。偷羅厥叉國。有一婆羅門。名曰迦葉。極大智慧。誦四韋陀論。無不通達。其家巨富。善能布施。其婦端正。舉國無雙。夫婦二人。無有欲想。不樂在家。厭離世間。思惟求訪出家之法。即捨家業。入於山林。心念口言。諸佛如來。出家修道。我今亦當隨佛出家。即便脫去金縷織衣。而著壞色衲衣。自剃鬚髮。爾時諸天。於虛空中。既見迦葉自出家已。報言迦葉。甘蔗種族。淨飯王子。其名薩婆悉達。出家學道。號為釋迦牟尼佛。今在竹園中住。迦葉聞天語已。即便往詣竹園。世尊知其當來。宜往度之。即行遂逢迦葉。迦葉即便頂禮佛足。白佛言。是我大師。我是弟子。佛言迦葉。當知五陰色身。是大苦聚。迦葉聞已。即便見諦。乃至得於阿羅漢果。爾時世尊。即與迦葉。俱還竹園。以此迦葉。有大威德。天人所重。故名大迦葉❶。乃至佛滅。住持法化。被於來世。此人之力也。

原典註釋

①**大迦葉**：又作摩訶迦葉、摩訶迦葉波，在佛弟子中，有「頭陀第一」、「上行第一」等稱號，《增一阿含經》：「十二頭陀難得之行，所謂大迦葉比丘是。」他與妻子結婚十二年，皆以禮相待，仍保持清淨不淫欲，其父母去世後，捨棄所有財產，隨佛出家，佛陀曾經在大眾面前，將座位分半座給大迦葉，《雜阿含經》卷四十一載，諸比丘見摩訶迦葉衣服粗陋，無有儀容，而生輕慢之心。爾時，佛知諸比丘之心念，便說：「善來！迦葉，於此半座。」大眾才知大迦葉大德大力。其人品、梵行為同輩所推崇，故被尊為教團之上首，亦深為佛陀所重。又，自古來以大迦葉為付法藏第一祖，尤以「拈花微笑」之典故，為禪宗所傳頌。佛陀涅槃時，集五百阿羅漢，以其本人為上首，在王舍城舉行第一次經藏與律藏之結集。

假孕謗佛

世尊最初成佛之後，沒有多久就度化了一千二百五十位出家人，他們也都證得了阿羅漢。只是外道邪師看見佛教越來越興盛，因而心懷妒忌，想設計陰謀來破壞佛陀的聲譽。

於是他們偷偷派遣了一位阿闍羅翅舍欽婆羅的女弟子，喬裝成信女，天天和善男信女一起聽聞佛陀說法，但她卻只是在講堂周邊閒逛，好引起人們的注意。後來，她用草塞在衣內，使肚子漸漸隆起，如同懷孕；之後，她又在腹上放了一個木缽，看似如同一位即將臨產婦女。

這女子回到了邪師那裡，那位邪師故意當著弟子們的面前問：「你怎麼會有身孕呢？」女子回答：「我因為天天到瞿曇沙門那裡，所以就有了身孕。」邪師便起了瞋心，作了毀謗：「我這位弟子，原本可以生到梵天，如今卻被瞿曇沙門汙辱了，就這樣一生都被毀了！」於是，他帶著一群弟子並隨同這女人，一起來到佛陀說法之處。

當時，佛正在說法，那邪師一到，便指著那位女子喊：「大家聽著，這位瞿曇沙門根本未得道，他犯了淫戒，使這位女子懷了孕。他所作種種神通變化，只是一種假幻術。」他說完這句話時，天帝釋化作了黃鼠，鑽入那女子衣裙，咬斷她腹間的繩帶，木缽便落了地。眾人一片譁然，同聲罵著：「你們這些無恥之徒，竟用這卑鄙手段來譭謗聖者！真是罪惡深重。」

◀外道邪師偷偷派遣了一位女弟子，喬裝成佛陀的信女，假裝懷孕，當面毀謗佛與女子有染，突然女子腹部繩子斷裂，木缽落地，誣陷之事於是真相大白。

假孕謗佛

假孕謗佛

處胎經[1]云。世尊云。初成佛道未久。六師興盛。吾有弟子一千二百五十人皆得羅漢。六通無礙。時有旃遮摩那耆女。是阿闍羅翅舍欽婆羅[2]弟子。受師明教。日來佛所。外現清信女法。內心受邪師教。來往周旋。欲令人見。以草作腹。日漸令大。後以木盂繫腹。猶如臨產婦女。時邪師問言。汝那得此身。報言。我日日往瞿曇沙門所。故有此身。師即嗔言。誑我弟子。我此弟子垂當生梵天。辱我弟子。乃至於此。是時邪師將諸弟子。并此女人。往至佛所。當於爾時。如來與無量數眾而為說法。梵志至佛所。高聲唱言。此沙門瞿曇犯於婬欲。實不得道。所作變化。皆是幻術。非真實道。指此女人言。眾人皆見不也。愛我此女。使令有娠。發此語已。時天帝釋化作黃鼠。在女裙內。嚙盂繩斷。令盂落地。眾人皆見。眾人同聲罵言。汝等邪師徒眾。毀謗聖人。促出國去。

原典註釋》

①**處胎經**：後秦竺佛念譯，又稱《菩薩處胎經》、《菩薩從兜術天降神母胎說廣普經》、《胎經》。記二月八日夜半，佛臥於金棺，以神通示現處於母胎之宮殿，十方之菩薩雲集，而說種種大乘之法。

②**阿闍羅翅舍欽婆羅**：另名阿耆多翅舍欽婆羅（或譯為阿夷多翅舍欽婆羅），為當時的印度六師外道之一，其學說是徹底的唯物論。不承認有物質以外的精神（或靈魂）存在，認為唯有地、水、火、風四元素為真實存在者，人由此四元素所成，命終之後，身體死而斷滅，一切皆無，靈魂亦不存在，因此，無現世或來世，不受善惡業的果報。所以否認有善惡禍福、因緣果報、過去未來等。《長阿含經．沙門果經》：「我於一時至阿夷陀翅舍欽婆羅所，問言：大德，如人乘象、馬車，習於兵法，乃至種種營生，皆現有果報。今者此眾現在修道，現得報不？彼報我言：受四大人取命終者，地大還歸地，水還歸水，火還歸火，風還歸風，皆悉壞敗，諸根歸空。若人死時，牀輿舉身，置於塚間，火燒其骨如鴿色，或變為灰土。若愚，若智，取命終者，皆悉壞敗，為斷滅法。」佛典稱之為順世外道，是典型的「斷滅見」，其核心教義是四大之外，沒有其他之物，為佛教所指的「邪見」之一。

請佛還國

淨飯王聽聞太子得道已有六年，便對優陀夷說：「你可去請佛回國。自太子出家以來，離別已十二年之久，我期盼能見祂一面。」優陀夷便前往佛所，作禮後，便告知佛，父王思念之情，渴望得見一面，但願佛陀能回國。

優陀夷見到佛時，心中無限仰慕，便請求出家，佛便度他，不久，優陀夷就證了阿羅漢果。那時佛心想：當初曾對父王說，道成後便會回國度化父母。於是祂對優陀夷說：「你先回國，示現十八神變。」優陀夷依佛的指示，淨飯王知道太子將歸國，生大歡喜心，便令群臣和民眾出城四十里來迎請。只見世尊威儀端嚴自在，父王悲喜交加，當即上前對佛說：「離別這麼多年，如今才得相見，真是難得！」於是大臣百官和民眾向佛頂禮後，便隨佛入城。

淨飯王發現佛身旁有許多隨從諸比丘，看起來都不怎麼起眼，便從國內豪族，選了五百人顏貌端正的成為沙門來服侍佛。而佛陀的弟弟難陀，就是在這次出家的。

難陀旁有一僕從名優波離，見主人出家，就上前禮拜佛足，說：「人身難得，佛法難聞！他們如此尊貴，都能放棄世俗，而我雖然出身卑賤，也沒有什麼可貪戀的。但願佛陀慈悲救度，允許我出家作沙門。」佛說：「善來！」便度為沙門，而且比主人難陀更早得度，所以排坐在比丘位子。難陀來了之後，向佛及比丘們一一作禮，但一到優波離的面前，便停止不禮拜，心想：「他原是我的僕從，我為什麼還要向他作禮呢？」這時世尊向難陀說：「佛法如海，容納百川，四流可歸，都是平等的，佛門中出家弟子是不論出身的貴賤，只依受戒前後；而且四大假合身，本來無我。應思惟聖法，勿生憍慢心！」難陀聽了佛教導後，便捨去慢心，也向優波離作了禮。

◀佛首次回國，淨飯王選五百族人為沙門服侍。難陀的僕從優波離早先成為出家比丘，難陀不肯作禮，佛說出家不論貴賤，只依受戒前後，難陀於是作禮。

請佛還國

莊嚴經云。時父王聞子得道。已經六年。語優陀夷言。汝今可往。請佛還國。離別已來十有二年。思欲一見。優陀夷受教。即詣佛所。具述王意已。願為沙門。得阿羅漢道。世尊思惟。爾乃還國。當度父母。即語優陀夷。汝宜先往。現十八變。王大歡喜。即勅群臣萬民。出城四十里。奉迎如來。世尊威儀。端嚴自在。父王白言。離別多年。今得相見。大臣百官。稽首作禮。見諸沙門。親近侍從。即勅國內豪族。選五百人。度為沙門。侍佛左右。佛弟難陀。亦為沙門。難陀所使。名優波離❶。前白佛言。人身難得。佛法難值。諸尊貴者。皆棄世榮。我身卑賤。何所貪樂。惟佛慈悲。願見救度。許為沙門。佛言善來。度為沙門。隨例而坐。難陀作禮。到優波離不禮。佛告難陀。佛法如海。容納百川。四流歸之。皆同一味。據戒前後。不在貴賤。四大和合。假名為身。本無吾我。勿生憍慢。難陀遂作禮。

原典註釋

①**優波離**：又作鄔波離、優婆離等。意譯近取、近執，佛為太子時，曾為親近執事之臣。優波離精於戒律，修持嚴謹，為佛陀十大弟子之一，以「持律第一」著稱。《增一阿含經》〈弟子品〉：「奉持戒律無所觸犯，優波離比丘是。」種姓制度鮮明的印度社會，優波離屬於最下等的首陀羅階級，為當時的賤民。他原是釋迦族的理髮師，在佛陀成道後，釋迦族的阿那律、阿難等貴族隨佛出家，當時的優波離由於階級低賤，無法參與，內心頗為悵然。佛陀於是允許其與釋族一起出家，不得因出家前的社會階級差別而有所分別。優波離加入僧團，是佛教僧團宣示四姓平等化的開始。優波離最受矚目的是結集「律藏」，在佛滅後的第一次結集時，律藏則由優波離誦出。在後世律藏的傳承，優波離具有重要的地位。

認子釋疑

國王及臣民迎佛入宮，坐於殿上，日日接受供養百種美食佳餚，佛也隨緣方便為大眾說法，度化無量眾生。

這天，耶輸陀羅帶著兒子羅睺羅來向佛頂禮問訊，說：「很久沒侍奉您，也沒有供養。」那時有許多人對他們母子投以懷疑眼光，因為太子離家已有十二年之久，但這孩子看去只有六、七歲，她是如何懷孕生下羅睺羅，這孩子怎會是太子的骨肉呢？

佛陀知道在座許多人都生疑心，便向大眾說：「耶輸陀羅守節貞潔，清淨無瑕，如果大家不相信，可當面取證。」於是世尊化身多位比丘，並與佛相幾乎沒有差別。這時，耶輸陀羅便把手上指環交給羅睺羅，對他說：「你認得哪一位是你父親，便把這個指環交給你的父親。」

羅睺羅沒有任何猶豫地走向真正的世尊面前，並把指環奉給世尊。這時在場的人才相信羅睺羅確實是佛陀的兒子。佛又說：「因為羅睺羅是我所化生的，不同於平常的孩子。從今以後，別再對耶輸陀羅有任何懷疑或指責。」之後，世尊便為父王說法，使父王得道。群臣以及後宮彩女也都受持戒法，有的持每月六齋，有的持每年三齋，修清淨梵行。從此國內清寧，風調雨順，各邦都來慶賀。

◀眾人皆對羅睺羅是否為佛陀之子有疑慮，佛化現多位一樣的佛身，耶輸陀羅把指環交給羅睺羅，羅睺羅毫不猶豫地拿給真正的世尊，因而釋疑。

認子釋疑

認子釋疑

莊嚴經云。時佛入宮。坐於殿上。王及臣民。日日供養百種甘饌。佛為說法度無數眾。耶輸陀羅。攜羅睺羅[1]來。稽首佛足。瞻對問訊。而白佛言。久違侍奉。曠廢供養。時諸釋種眷屬。皆有疑心。太子去國。十有二年。何從懷孕生羅睺羅。佛語父王。及諸群臣。耶輸陀羅。守節貞潔。清淨無有瑕疵。若不信者。今當取證。爾時世尊。化諸比丘。皆悉如佛。相好光明。等無差異。於時羅睺羅年已七歲。時耶輸陀羅。即以指印信環與羅睺羅而語之言。是汝父者。以此與之。羅睺羅應時。直詣佛所。以印信環。而奉世尊。王及群臣咸皆歡喜。歎言善哉。羅睺羅真是佛子。佛語父王。及諸臣曰。從今已後。無復懷疑。此吾之子。緣吾化生。勿咎耶輸陀羅也。爾時世尊。為王說法。即時得道。群臣萬姓。後宮彩女。咸受戒法。月六齋。年三齋。淨修梵行。國內清寧。風雨以時。萬邦來賀。

原典註釋

①**羅睺羅**：又作羅怙羅、羅護羅、羅云、羅雲。意譯覆障、障月、執日或障礙，乃釋尊之子，為耶輸陀羅所生。有一說法，當時的悉達多太子知道有孩子時，說：「羅睺羅（鐐鎖，覆障）誕生了，枷鎖現前了。」所以羅睺羅有覆障、障礙之意。但關於羅睺羅誕生之年，經典的說法並不一致，《眾許摩訶帝經》、《有部毗奈耶破僧事》、《大寶積經》及《大莊嚴經》，指其誕生於佛成道之夜，在胎六年，釋迦族人深感疑惑，倡言投其母子於火坑，但二者毫髮無損。而《佛所行讚》〈處宮品〉則謂其誕生於佛出家之前。《太子瑞應本起經》謂誕生於佛納妃後六年。羅睺羅出家後，精進修道，證阿羅漢果，並以「密行第一」著稱，列為佛十大弟子之一。《增一阿含經》〈弟子品〉：「不毀禁戒，誦讀不懈，所謂羅雲比丘是。」

度弟難陀

佛陀入城乞食，經過了難陀的住處，這時難陀正在幫妻子化妝，他知道佛陀來了，想要出去見祂。妻子跟他約定，一定要馬上回來！

難陀見到佛陀，作禮之後便取缽盛飯供養佛陀，而佛陀卻不接回那缽，轉身便匆匆離開，難陀只好捧著缽隨佛陀來到祂的精舍，佛陀便趁機會將難陀剃度，難陀從此出家。但難陀仍對妻子眷戀不捨，每天都很想回去。

有一天他想從小路回家，遠遠便見佛陀，於是躲在大樹後面。佛陀發現後便說：「你是想念妻子吧？」隨後帶他去看山中的獼猴，問說：「你的妻子比起這獼猴怎麼樣呢？」難陀心想：「我的妻子如此美貌動人，怎能與這獼猴相提並論。」佛陀知難陀心思，以神通帶他到天宮，宮中的天女個個美貌絕倫，比起那些天女，他的妻子簡直就像獼猴一般。不過，他卻沒見到天子，難陀就問：「為什麼天宮沒看見天子呢？」天女回答他：「因為有位難陀出家修行，他命終後才會生在此天宮。」難陀便想馬上住下來。天女對他說：「你現在還是人身，必須先回到人間，壽命結束後，才能轉生天宮。」

之後，佛陀再以神通力帶難陀到地獄世界。難陀看到了許多人被丟進煮沸的大鐵鍋刑具，只有一個鐵鍋，水雖煮沸，但鍋內無人。難陀就問獄卒：「是誰會被丟進這鐵鍋？」獄卒回答：「難陀因出家功德，人間壽命盡後，會生往天宮。但天福享盡後，就會墮到地獄。所以，我先將鐵鍋燒熱起來等他。」難陀心驚膽顫，毛骨悚然，說：「帶我回到精舍修持吧！」

佛陀說：「你如果精勤持戒，可以修得生天的福報！」難陀回說：「啊！不用生天，只願我千萬別墮落到地獄中就好了。」從此難陀再也不起返俗之念，佛於是為他說法，三七日後證了羅漢果。

◀難陀看見地獄煮沸的熱鍋中無人，獄卒回答：「難陀因出家功德，死後往生天界，天福享盡便會墮於此。」難陀嚇得毛骨悚然，不再起還俗的念頭。

度弟難陀

度弟難陀❶

寶藏經云。佛至難陀舍乞食。難陀作禮。取鉢盛飯奉佛。佛不受鉢。隨佛至精舍。佛逼難陀剃頭。難陀恒欲還家。佛不聽許。待佛出去。異道而歸。佛即異道而來。遙見佛來。大樹後藏。佛即舉樹在空。佛見難陀。將還精舍。佛將難陀至忉利天上。遍諸天宮觀看。見一宮中有諸天女。無有天子。難陀遂問。何以此宮獨無天子。答言。難陀出家。命終當生於此天宮。難陀便欲即住。天女告言。我等是天。汝今是人。還捨人壽。更生此間。佛將難陀復至地獄。見諸鑊湯。悉皆煮人。唯見一鑊。炊沸空停。難陀即問。獄卒答言。難陀以出家功德。當得生天。以欲罷道。命終墮此地獄。是故我今。炊鑊而待。難陀恐怖。畏獄卒留。即作是言。南無佛陀。願佛擁護。將我還至精舍。佛語難陀。汝勤持戒。修汝天福。難陀答言。不用生天。唯願我莫墮此地獄。佛與說法。三七日中成阿羅漢。

原典註釋

①**難陀**：又作難努、難提，意譯歡喜。因其妻孫陀利，故別稱「孫陀羅難陀」，係淨飯王之第二子，據傳為世尊姨母摩訶波闍波提所生，為世尊異母兄弟，人身長一丈五尺二寸，容姿端正，具三十相（缺佛相中之白毫相，耳垂也較佛短）。為世所稱。佛成道後，回迦毗羅衛城，度化已婚之難陀出家，佛於尼拘律園度其出家，然而他出家後仍難忘其妻，屢屢回到妻處。佛乃以神通方便教誡，使其警醒人命之無常，斷除愛欲，證阿羅漢果。馬鳴名著〈孫陀羅難陀詩〉，便是以難陀與其妻之故事為題材。《增一阿含經》載，佛曾讚美難陀的「端正」與「諸根寂靜」，無有勝難陀比丘者。其於佛弟子中，被譽為調和諸根第一。

羅睺出家

佛在迦毗羅衛國時，派遣目犍連向父王及耶輸說：「太子羅睺羅已經九歲，該讓他出家修道。」耶輸陀羅流淚著說：「釋迦為太子時，我入宮為妃，還未滿三年，便獨自逃往山林，勤修六年，成佛回國之後。又要讓我的兒子出家，為何這般殘酷！」目犍連百般慰勸，耶輸陀羅就是不肯。

世尊即請淨居天子，在空中對耶輸陀羅說：「你可記得過去世，我以五百銀錢買你的五莖蓮花去供養佛，你求願生生世世為夫妻。我說：菩薩累劫行願，一切布施都不違逆人意。你能同意，我才能娶你為妻。而你立誓：無論什麼，都隨我施與，誓無悔心。而今為何愛惜兒子，不令出家修道？」

耶輸陀羅聽到後，憶起了宿世因緣，往事如昨日所見，愛子之情也自然淡薄，她便牽著羅睺羅手，付囑了目犍連。

這時淨飯王便召集國中豪族，各遣一子，隨同出家，共五十人，由目犍連帶領來到佛所，阿難為他們剃髮，命舍利弗為他們的和尚，目犍連任阿闍黎。起初，羅睺羅因年幼，喜樂嬉戲，不樂聽聞教法，在佛循循善誘下，羅睺羅才受戒，之後也證了四果。

◀佛遣目犍連告知耶輸，羅睺羅出家因緣成熟，耶輸不肯。佛又遣淨居天子告知，她過去對佛的誓言：隨君施與，而無悔心。耶輸於是令子出家。

羅睺出家

羅睺出家[1]

未曾有因緣經[2]云。佛在迦毗羅衛國。世尊遣目連。白父及耶輸曰。太子羅睺。年已九歲。應令出家。耶輸答曰。如來為太子時娶我為妻。未滿三年逃至山澤。勤苦六年。得佛還國。今復欲求我子出家。何酷如之。時目連方便喻曉。絕無聽意。世尊即遣淨居天子。空中告曰。汝頗憶以五百銀錢。買五莖蓮花。上定光佛時。汝求我世世為妻。我言菩薩屢劫行願。一切布施不逆人意。汝能爾者。聽為我妻。汝立誓願。隨君施與。誓無悔心。而今何故愛惜羅睺。不令出家。耶輸聞已。還識宿命。如昨所見。愛子之情。自然消歇。捉羅睺手。付囑目連。時淨飯王。即集國中豪族。各遣一子。隨從我孫。有五十人。往到佛所。使阿難與其剃頭。及五十諸王公子。命舍利弗為其和尚。目連為阿闍黎。羅睺不樂聽法。佛為說未曾有因緣。得受十戒。袈裟著身。即成沙門。遂證四果。

原典註釋

①**羅睺出家**：其實佛陀的僧團當時並沒有這種情形，因為他還未到受具足戒的年齡，所以先做沙彌，這是沙彌制度之始，羅睺羅成為佛教僧團中第一位沙彌。他開始入僧團時很調皮，學法持戒也有疏忽的地方，有時信口開河，因此受到佛陀的教導。巴利聖典《中部》〈芒果林教化羅睺羅經〉，此經以「洗腳水」為喻跟他說明謊話是不好的行為，強調誠實的重要性。佛陀說：「你就是同這個水一樣，水本來是很清淨的，可是不守口慎言，被三毒的填滿，好比清淨的水有著垢穢一樣。」又有一次羅睺羅為了打掃環境，很晚才回到寢室，一位遠來的比丘以為羅睺羅房間沒人住，便睡他房裡。因佛陀規定比丘不可同宿，羅睺羅屈身廁所睡覺，忍耐惡臭，但半夜時，廁所有蛇企圖攻擊他，佛感應到以後，才將羅睺羅叫出來，睡在佛的寢室。從此佛立一條規定，還未受具足戒的沙彌，可和比丘同住兩夜。此外，佛陀還向他開示許多禪修的法要，這內容載於《中部》、《相應部》、《雜阿含經》等，都有佛對他詳盡說明禪修方法。後來羅睺羅努力精進修習出入息念，證得了阿羅漢果，被稱為密行第一。

②**未曾有因緣經**：二卷，南齊曇景譯。內容敘述佛遣目犍連至說服耶輸陀羅，令子羅睺羅出家；及佛陀為波斯匿王說法，為祇陀王子說五戒等。

須達見佛

舍衛國有大臣名須達，非常富有，而且樂善好施，常賑濟貧寒孤老無依的人，因此人稱他給孤獨長者。

某天，須達長者為兒子娶媳婦，來到了王舍城大臣護彌家。由於天色已晚，便夜宿護彌家中，但這家人忙裡忙外，忙著辦飲食，須達便問：「這麼晚了，長者您還在親自營辦餐食，不知是請什麼樣的貴人？」護彌說：「是要供佛及僧。」

須達一聽佛僧之名，心生歡喜，便急切詢問：「是哪一位佛呢？」護彌說：「淨飯王之子悉達多，初生之時，即自行七步，舉手而說：天上天下，唯我獨尊。之後，出城見老病死苦，悟世間無常之道，因而出家修行，六年苦行，證得一切智，故名為佛。」

須達又問：「那僧又是指哪些人呢？」護彌說：「佛成道後，梵天勸請說法，最初為憍陳如五人初轉法輪，說四聖諦法，五人便悟道，證阿羅漢，成為沙門比丘，為眾生之大福田，故名為僧。」須達聞已，即生信心。

第二天天亮，須達便到佛所，世尊知須達將來，便出外經行，須達見佛猶如金山，相好威容，心更加倍喜悅，當下頂禮，胡跪合掌，問訊起居。世尊即為須達宣說四諦微妙法，開示世間苦、空、無常之理。須達法喜充滿，當下悟解聖法，證須陀洹果。

◀須達大臣，人稱給孤獨長者，至護彌家中，逢遇供佛齋僧之事，才知有一釋迦佛已成道，便至佛所，頂禮後佛為其說法，須達法喜充滿，即證須陀洹果。

須達見佛

須達見佛❶

賢愚經云。舍衛國王。有大臣名須達。居家巨富。賑濟貧乏。及諸孤老。因名給孤獨。為兒娶婦。到王舍大城中。大臣護彌家。宿其家。大設供具。廣辦飲食。須達問言。長者今暮。躬自執勞。營辦飲食。欲請何人。答言。請佛及僧。須達聞佛僧名。心情悅豫。問言。云何名佛。答言。淨飯王子悉達。初生之時。即行七步。舉手而言。天上天下。唯我為尊。見老病死苦。出家修道。六年苦行。得一切智。故名佛也。又問。云何名僧。答言。佛成道已。梵天勸請說法。為憍陳如五人。轉四真諦。漏盡結解。便成沙門。能為眾生。作良福田。故名僧也。須達聞已。即生信心。企望至曉。當往見佛。至曉。到世尊所。世尊知須達來。出外經行。須達見佛。猶如金山。相好威容。儼然炳著。倍加心悅。頭面作禮。胡跪合掌。問訊起居。是時世尊。即為說法。四諦微妙。苦空無常。聞法歡喜。便染聖法。成須陀洹。

原典註釋》

①**須達**：又作須達多、蘇達哆，意譯善施、善授、善與，為波斯匿王的大臣，非常富有，好行布施，因常憐憫貧窮與孤獨者，故人稱之為「給孤獨長者」。長者最初皈依佛的因緣記載於《雜阿含經》第五九二經，他一聽到有佛陀出世，就十分歡喜，並且非常至誠地去拜訪佛陀。他因為至心念佛，而起了光明之相，誤以為天亮了，便出發了。結果發現天未亮，仍一片漆黑，於是一位城門神幫助了他，提供照明，讓他在半夜極暗時還能尋找到佛所。長者初次見佛，就對佛、法、僧、戒的信心充滿，成就四不壞淨，證得初果。因此對佛法都信受奉行。

不過，樂善好施的須達長者，也曾經遭遇過七次窮困的窘境，最慘時甚至連一毛錢都不剩。某天，他在家中偶然拾得一個栴檀木，便拿到市場變賣，然後買了四斗米回家。佛陀得知須達長者的困境，決定要幫助他。當長者家第一斗米煮熟了，舍利弗尊者到他們家去化緣，長者的太太毫不猶豫的將那一斗飯倒入缽中。接著，第二斗米、第三斗米，也都陸續布施出去。當最後一斗米也煮熟時，佛陀親自上門，她還是將最後一斗飯放進佛陀的缽中，佛陀給予祝願。

後來，須達長者回來，他的太太很擔心會被責怪，但須達長者得知後，竟非常歡喜，雖然只吃剩下米汁，卻都甘之如飴。過不多久，須達長者所有的倉庫竟然頓時湧出無量財寶，比以往更加富有。佛陀告訴須達長者，你往昔所造慳貪的業力已完全消滅。從現在開始，直到你成就佛道，不會再受到貧窮的果報。

之後，長者生重病，猶如置身於水深火熱中，佛陀告知長者應具足對於佛、法、僧、戒，生淨信心，再修習六念法：念佛、法、僧、戒、施、天，這便是佛陀開示的臨終念佛。相關故事於《阿含經》多有記載。

布金買地

須達長者在聞法後，受益良多，便對佛說：「但願如來之尊能降屈到舍衛國來教化，使國中人民也能聽聞法益，去邪歸正。」世尊說：「我也正有此意，只可惜舍衛國還沒有一所精舍能弘法。」須達說：「只要世尊您答應，建講堂的事，就交給我吧。」世尊默許，便讓舍利弗隨同須達長者到舍衛國勘查地理環境。

一番考察後，只找到祇陀太子的一處園地，最為適合。於是須達長者來到了祇陀太子所，向太子說：「佛要來本國弘法，我想為祂建立精舍，只有您的這片地最為適合不過，所以我想買下它，太子您意下如何？」太子便說：「好吧！如果你有辦法以黃金鋪滿這片園地，沒有任何空處，我就賣給你了。」須達馬上回去拿出家中黃金，請人用象車運到園中鋪地，眼見八十頃的園地就要鋪滿了，只是欠了一小片地，但黃金也已用盡，須達皺了一下眉。

太子說：「你如果覺得貴，就收起來吧。」須達馬上說：「不！我一定會想辦法把這片地鋪滿。」太子心想：佛必然是位大德聖者，才會讓這位長者如此輕財。於是他就對須達說：「好吧！就這樣，這園中土地，已經鋪黃金的，就如願為你所得，園中樹木沒有鋪黃金的，仍然歸我所有，由我來貢獻給佛陀，我們就共同來建立精舍，你說如何？」須達說：「太子既然願意這麼發心，那是再好不過了。」

於是即開始施建精舍，為佛作大殿，以講經說法之用；其餘蓋僧房宿舍一百二十處，可住一千二百位僧眾，精舍極為莊嚴。一切圓滿後，須達心想，也應該奏知國王，請國王派使者迎請世尊，國王便遣使請佛及僧。這時世尊放光動地，來到了舍衛國，城中無數人共聚一堂，聽佛說法，因各自的宿緣深淺所應，而各自見道。

◀祇陀太子對須達長者說：園中你已鋪黃金的，如願為你所得，園中沒有鋪黃金的，仍歸我所有，由我貢獻給佛陀。於是兩人共同來建立祇園精舍。

布金買地

布金買地

賢愚經[1]云。須達白佛言。唯願如來。降屈舍衛。使中衆生。除邪就正。世尊告曰。彼無精舍。須達曰。弟子能起。願見聽許。世尊默然。佛勅舍利弗共往。案行諸地。唯太子祇陀園地[2]。正得其所。宜起精舍。須達到太子所。白言。我今欲為如來起立精舍。太子園好。今欲買之。太子言。汝若能以黃金布地。令無空者。便當相與。須達使人。象負黃金。八十頃中。須臾欲滿。略欠少地。太子言。慊貴置之。答言。不也。自念金藏。何者可足。太子念言。佛必大德。能使斯人輕寶如是。乃令止勿出金。園地屬卿。樹木屬我。我自上佛。共立精舍。須達然之。即便施工。起立精舍。為佛作殿。別房住止。千二百人。凡百二十處。復自思惟。上有國王。應當奏知。即往白王。唯願大王。遣使請佛。王聞已。遣使請佛及僧。爾時世尊。放光動地。至舍衛國。一切大集。為說妙法。宿緣所應。各得道跡。

原典註釋

①**賢愚經**：十三卷，全稱《賢愚因緣經》。元魏慧覺等譯。收集種種關於賢者與愚者之譬喻因緣故事。除漢譯而外，還有藏文、蒙文譯本。

②**祇陀園地**：又稱祇樹給孤獨園，或稱祇陀林、逝多林、勝林。位於中印度憍薩羅國舍衛城之南，相當於今尼泊爾南境，其位置約當於現今拉布提河（Rapti）南岸所存塞赫特馬赫特（Sahet-mahet）之遺跡。為佛陀當年傳法的重要場所，建造時間比王舍城的竹園精舍稍晚，是佛教史上第二棟專供僧眾使用的建築，佛陀當時規模最大的精舍。原為舍衛國祇陀太子的林園，後與給孤獨長者共同興建。園林平正，約有八十頃，內有經行處、講堂、溫室、食堂、廚房、浴舍、病室、蓮池、諸房舍。五世紀初，法顯造訪精舍時，該僧院尚稱完整，據《佛國記》的記述，精舍原有七層，因遭祝融，精舍盡化成灰，後重建為兩層。但玄奘訪此地時，據其記載已經荒蕪不堪，《大唐西域記》：「城南五、六里有逝多林，是給孤獨園，勝軍王大臣善施為佛建精舍。昔為伽藍，今已荒廢。東門左右各建石柱，高七十餘尺，左柱鏤輪相於其端，右柱刻牛形於其上，並無憂王之所建也。室宇傾圮，唯餘故基，獨一室巋然獨在，中有佛像。」而佛陀後半生在此安居長達二十多年，今流傳的經典，如《阿彌陀經》和《金剛經》皆於此處宣講。

玉耶受訓

給孤獨長者為子娶婦，此女名玉耶，從小嬌生慣養，婚後即不以婦禮承事公姑，也不善承事夫婿。長者夫妻相議，兒媳如此難調教，恐怕只有佛才能教化。因此便請佛及僧到家中，家人都出來禮佛，卻只有媳婦玉耶躲了起來，不願出來禮佛。

佛就變化長者家所有屋宅牆壁都如琉璃水晶透明之色，內外可見，玉耶知道無法再躲藏，只好出來禮佛懺悔。

佛於是勸說她：「做為人妻，不應輕慢丈夫。女人之身，常有諸苦：初生時，父母不喜，養育無味；又擔心被人欺凌；長大時，父母為嫁妝操心，且不得不與親生父母離別；嫁人後，又畏夫婿不加善待，生子女也是艱難。從小受父母管束，嫁人後受丈夫禁制，到老了還遭子孫呵罵。女人的苦處，實在無傲慢之處！所以，為婦之道，當晚說早起，勤勞家事；凡有飲食，不得先食；丈夫訶罵，不得瞋恨；丈夫出外，則整理家務，常念丈夫的優點，不念丈夫的缺點，對丈夫謙和順從。說話不粗魯，行事不草率，有好處分功他人，有過失則自承擔。訓誨仁慈，勸進為善，內心端正，眼不邪視，勤修婦節，終無缺毀，進退禮儀，皆以和為貴。」

玉耶聽完佛的訓誨，跪下感謝而說：「從今之後，我一定要好好奉事翁姑夫婿，如婢婦，再也不起憍慢心。」便請佛為她授在家優婆夷戒，終身奉行。

◀長者媳婦傲慢難調教，不願出來禮佛。佛變化屋宅牆壁如琉璃透明，她無法再躲藏，只好出來禮佛懺悔。佛教導她成為人妻之道，並授在家優婆夷戒。

玉耶受訓

玉耶受訓

玉耶經[1]云。給孤長者。為子娶婦。女名玉耶。不以婦禮承事公姑夫婿。長者夫妻議言。子婦不順。唯佛能化。遂請佛及僧至家。皆出禮佛。玉耶逃藏。不肯禮佛。佛即變化。令長者屋宅牆壁。皆如琉璃水精之色。內外相見。玉耶即出。禮佛懺悔。佛告玉耶。不當輕慢夫婿。女人身中。有諸惡事。初生墮地。父母不喜。養育無味。心常畏人。父母恒憂嫁財。生相離別。常畏夫婿。產生甚難。小為父母所檢錄。中為夫婿禁制。老為兒孫所呵。為婦之法[2]。後臥早起。執於作事。凡有飲食。不得先食。夫婿訶罵。不得嗔恨。不得邪淫。夫婿出外。整理家務。常念夫善。不念夫惡。承事夫婿。謙遜順命。夙興夜寐。恭恪言令。口無逸言。身無逸行。有善推讓。過則稱己。誨訓仁慈。勸進為善。心端意一。無有邪視。直修婦節。終無缺廢。進退禮儀。以和為貴。玉耶白言。自今以後。奉事公姑夫婿。當如婢婦。盡壽不敢憍慢。即請受優婆夷十戒。終身奉行。

原典註釋

①**玉耶經**：東晉曇無蘭（天竺人）譯。又作《長者詣佛說子婦無敬經》。全經述給孤獨長者的媳婦玉耶，依恃本家豪富而欠失婦德，佛陀應長者之請，教示玉耶婦德，漢譯本有《玉耶女經》，西晉失譯者名；《阿遬經》，劉宋求那跋陀羅譯。於《增一阿含經》卷四十九〈非常品〉亦有載，相當於巴利文《增支部》〈七婦經〉。

②**為婦之法**：《增支部》〈七婦經〉將為人妻者分為七種（母妻、妹妻、師妻、婦妻、婢妻、仇妻、殺人妻），前五種受眾人敬愛，為家庭繁榮之基礎；後二種，仇妻、殺人妻，將要遭受惡之果報。《增支部經典》卷七：「世尊如是曰：

惡心不念夫，著他輕蔑夫，財贖望殺夫，男子如是妻，為殺人者妻；

主為妻努力，得財農工商，僅欲從彼取，男子如是妻，為盜賊者妻；

不事懈怠食，粗暴語粗語，壓服勤夫住，男子如是妻，為支配者妻；

時常念夫為，如母子護夫，從護彼蓄財，男子如是妻，稱母親者妻；

如妹尊敬姊，尊敬己家主，慚心從順夫，男子如是妻，稱姊妹者妻；

又友許久來，見友而歡喜，具戒妻喜主，男子如是妻，稱友人者妻；

杖打脅不怒，無恶對夫忍，不怒順從夫，男子如是妻，稱奴婢者妻；

此妻謂殺人，云賊支配者，破戒粗不敬，死後行地獄，謂母姊妹友，稱為奴婢妻，住戒時自律，死後行善趣，善生！此等，為七種男子之妻，汝為彼等之何者耶？從今日以後，大德！世尊！我等同奴婢，存念為主人之妻。」

漁人求度

世尊行經毗舍離城，在距離犁越河不遠處休息。這時一群捕魚人網到一條大魚，即使五百人都拉不動；於是又找了附近牧牛人一起來幫忙，共約一千人，才把大魚慢慢地拉上岸。一見這魚身上竟然長著百隻頭，有著不同的種類，如驢、馬、駱駝、虎、狼、豬、狗、猿猴、狐狸等，形狀極為恐怖，人人驚嚇而退。

世尊走到大魚旁，問：「你前身是迦毗犁，對嗎？」魚答：「是。」

阿難問佛：「這條魚身過去是什麼因緣，為何如此？」佛陀告訴阿難：「過去有位婆羅門，生一子，名為迦毗犁，聰明又博學。他母親問他：『你的學問高明，還有誰勝過你呢？』兒子回答：『出家的沙門能勝於我。』母親說：『既然如此，你為什麼不向沙門那裡學習呢？』迦毗犁便聽從母親，往沙門處習學三藏，他雖然能通曉義理，但每次與比丘討論，如果理屈，便出惡口，罵比丘們是種種畜生，還以各種動物來比喻。因為這樣的果報，如今才轉生成為百頭魚身，而且那些頭型都是他曾經罵過的動物。」

阿難又問：「那麼牠何時可以脫離這樣的魚身呢？」佛告訴阿難：「在此賢劫之中，縱使千佛過去，也無法脫離。」而那些捕魚人及牧牛人聽這段因緣果報，都生起畏懼，一同向佛請求出家，佛便為他們說法，使他們苦惱熄滅，即成沙門。而阿難與眾人，聞佛所說，悵然不樂，並警惕因果業報，他們同感，身口意行，不可不慎！

◀百隻頭魚身，因宿世惡口罵比丘為種種畜生，而受此果報身。佛說千佛賢劫過去，牠仍無法脫離此身，捕魚人及牧牛人生畏懼心，求佛度化出家。

漁人求度

漁人求度

賢愚經云。爾時世尊。向毗舍離城。到梨越河所。不遠而坐。時捕魚人。網得一魚。五百人挽。不能使出。復喚牧牛人眾。共一千人。挽得一魚。身有百頭。若干種類。驢馬駱駝。虎狼豬狗。猿猴狐狸。如斯之形。世尊往至魚所。而問魚言。汝是迦毗梨不。答言實是。阿難白佛。此魚何緣如是。佛告阿難。昔有婆羅門。生一男兒。字迦毗梨。聰明博達。其母問子。汝本高明。更有勝汝者否。答言沙門。母言。何以不往學習其法。奉其母教。即往習學。三藏義理。悉皆通曉。若共比丘談論。理若短屈。即便罵言❶。汝等愚騃。無所識別。劇於畜生。知曉何法。諸百獸頭。皆用比之。緣是果報。今受百頭魚身。時捕魚人。及牧牛人。同時求佛出家。佛為說法。種種苦切。漏盡結解。即成沙門。爾時阿難。及於眾人。聞佛所說。悵然不樂。悲傷交懷。咸共同聲。而作是言。身口意行。不可不慎也。

原典註釋》

①**罵言**：即佛教所說的「惡口」，被列為十惡業（殺、盜、淫、兩舌、惡口、妄言、綺語、貪、嗔、癡）之一。「惡口」即口出粗惡語毀訾他人，在身口意業中，屬於口業的四惡業（兩舌、惡口、妄言、綺語），其他為身三業（殺、盜、淫）與意業三業（貪、嗔、癡）。此十惡業即俗云「十惡不赦」之說來源。所謂人天所修十善業，即遠離這相對的十惡業。《大乘義章》卷七：「言辭粗鄙，視之為惡。惡從口生，故名惡口。」《法界次第初門》卷一：「惡言加彼。令他受惱。名為惡口」在《增一阿含經》提及因惡口業而墮於惡趣的嚴重性：「夫士之生，斧在口中，所以斬身，由其惡言；彼息我息，此二俱善。已造惡行，斯墮惡趣，此為最惡，有盡無盡，向如來惡，此者最重。」這裡形容口中有斧，出惡口就像斬身一般，所以最為嚴重。《妙法蓮華經》〈常不輕菩薩品〉：「若有惡口、罵詈、誹謗，獲大罪報」《大方便佛報恩經》卷三：「佛告阿難：人生世間，禍從口生，當護於口，甚於猛火。猛火熾然能燒一世，惡口熾然燒無數世；猛火熾然燒世間財，惡口熾然燒七聖財。是故阿難！一切眾生禍從口出。口舌者，鑿身之斧，滅身之禍。」所以，佛教對惡口罵詈惱人之言，是最禁戒的，因此，修持者應思維從口所說出的每一句話是否會傷害到他人，才能免去惡口所造成的因果業報。

佛化無惱

舍衛國的宰相有一子名為無惱，他雄壯有力，而且一人能敵千人。父親便讓他向婆羅門學法，那位邪師婆羅門對他說：「你如果能於七日之中斬首千人頭，每人取他一個手指，合成一千隻手指，串成手指環，那你命終之後，便可由梵天接引，往生梵天。」

無惱受了這個邪教後，持刀出外，見人便砍殺，所以人人稱他為「指魔」。到了第七天的早上，他已經殺死了九百九十九人，只剩下一人，指環數便可滿一千隻。此時所有人皆躲得遠遠的，不敢在路上行走。無惱就到處尋找人，竟找不到一個人。

這時，他母親剛好要送來飲食給他，兒子遠遠看見後，便持著刀來要來砍殺他母親。他母親說：「你這個不孝逆子，為什麼要殺我，我是你的母親啊！」兒子說：「我受師教導，只要在七日中殺滿千人，串成千指環，我就可以生天了。現在已是最後一天，還差一個人，所以只得把母親你也殺了。」

這時佛陀即時化現，從無惱身邊走過。無惱見佛，便捨母親而要殺佛，佛見無惱已經趕過來，便放慢腳步，雖然是徐徐行走，但無惱用盡力氣，也始終追不上佛，便高聲喊：「前面那位沙門，你可給我站住。」佛說：「我常自住，是你不住。」無惱問說：「為何說你住，我不住？」佛說：「我諸根寂定，常得自在。而你隨從邪師，稟受邪教，心中常行邪念，怎能安住？你這樣時時刻刻只想著殺人，已造無量罪業，必墮惡道，如何生天？」無惱聽佛開示之後，放下屠刀，心意開悟，隨佛出家。

◀無惱因信奉邪師之說，於七日內斬首千人，集千指環，以求生天，他母親送食過來，竟持刀要砍殺母親。佛陀即時化現解救其母，並度化無惱改邪歸正。

佛化無惱❶

賢愚因緣經云。舍衛國。有輔相子。名曰無惱。雄壯有力。能敵千人。父令就婆羅門學。師即教言。七日之中。斬千人首。而取一指。以為鬘飾。梵天來迎。定生梵天。無惱受教。持刀走外。見人便殺。人皆號為鴦掘魔羅。周行殺害。到七日早。方得九百九十九指。唯少一指。人皆藏竄。無敢行者。遍行求覓。更不能得。七日之中。其母持食躬往。兒遙見母。走趨欲殺。母言汝何懷逆。欲殺於我。兒言。我受師教。要七日中。滿得千指。生於梵天。日數已滿。唯少一指。欲殺於母。時佛化作沙門。行於彼邊。無惱見已。捨母速至。佛見其來。徐行捨去。無惱極力。走不能及。便遙喚言。沙門少住。佛遙答言。我常自住。但汝不住。無惱復問。云何汝住。我不住耶。佛言。我諸根寂定。而得自在。汝從邪師。稟受邪教。變易汝心。不得定住。晝夜殺害。造無邊罪。無惱聞已。心意開悟。投佛出家。

原典註釋

①**無惱**：即「央掘摩羅」，又稱央掘魔羅、鴦掘摩羅、央仇魔羅、鴦崛鬘、鴦崛髻等。其中，央掘（Anguli）是手指之意，摩羅（mala）是花環、花鬘之意，央掘摩羅被翻譯成「指鬘」，意思是以眾多手指作成之花鬘。其出生之時，所有武士不由自主地抽出刀劍，但刃上卻又缺了口，從刀鞘處折斷，令所有武士產生恐懼。此被認為是神蹟，故其父母將其取名為「伽瞿」，意為「世間現」，為紀實此事，又名為無惱（梵文名ahimsaka）。本段故事，無腦經佛陀化度，改過懺悔而入佛門，並證得羅漢果。雖然他已改過遷善，出家為僧，但由於之前惡行，為時人所怨恨。據《增一阿含經》卷三十一載，他出城乞食時，遭瓦石擊打，或有以刀斫者，傷壞頭目，衣裳裂盡，流血污體，佛見他慘狀，便勸他：「汝今忍之，所以然者，此罪乃應永劫受之。」此經中，佛陀還陳述央掘魔羅與其婆羅門師父以及師母的宿世因緣，並說鴦掘魔比丘為第一聰明捷疾智者也。而關於他的事蹟，還載於《鴦掘摩經》。現今還留有關於央掘摩羅的遺址，印度考古學家認為在給孤獨長者家旁，有一處大型磚造建築，應是過去朝聖者所見到的央掘摩羅塔。現有央掘魔羅洞穴遺址，是下水道通道，現在已經關閉，無法通行。

月光諫父

有一長者名申日，信受外道六師不蘭迦葉等，因而設計作火坑、毒飯，準備要陷害佛。

他的兒子名月光，得知父親要謀害佛，直言勸諫父親：「佛是大聖人，三界之中，只有佛最為尊貴。世尊修道時，第六天魔王見佛道心堅定將證佛果，心生煩惱知毒，心想如果祂成道，必然超勝於我，於是種種設計，召集魔鬼兵將，持刀槍矛劍等，旌旗遮蔽天日，種種奇形異類，千變萬化，口眼吐火，齊聲吶喊，圍攻世尊。佛以慈心，舉一手指，放毫光，群鬼惡兵都自然退散。魔王自知不敵，向佛頂禮懺悔，願自皈依。當時如來應時降伏了彌天之惡，使他們改邪歸正而為弟子。魔王以廣大之毒、大千之火、刀劍矛刃，都不能動佛之一毛；今您要以火坑毒飯害佛，只是蟲蟻之力想推倒大山，蚊蠅之翅就想遮障日月，只是徒自毀傷而已。如來之身有金剛德體，願父親早日悔悟，懺悔前非，歸命世尊，以免造下無量罪業。」

月光如此苦勸，無奈父親申日仍為外道所障蔽，無法開解，反對兒子說：「如果佛真有神通，能預知未來，必也將知我作火坑毒飯害祂，我如今假意請佛，只要佛來當面一試，就可知了，現在無需顧慮那麼多了。」

◀申日長者信受外道，因而設計作火坑、毒飯，準備要陷害佛。其子名月光，勸諫父親，其父被障蔽，仍計謀陷害，以測試佛之神通。

月光諫父

月光童子[1]經云。有長者申日。信受外道六師。不蘭迦葉等。設計作火坑毒飯。欲謀害佛。其子名月光。諫父白言。佛為大聖。三界之尊。昔者世尊求道之日。第六天魔。見佛神聖。心中煩毒。念其道成。當必勝我。議設方計。召其鬼兵。興軍聚眾。帶甲持鉾。旌旗曀日。光曜蔽天。奇形異類。千變萬化。擔山負石。口眼吐火。齊聲吼喊。向於世尊。佛以慈心。舉手指之。群惡鬼兵。自然退散。魔王頂禮。願自歸依。當時如來。應時降伏彌天之惡。以為弟子。魔王以須彌之毒。大千之火。刀劍矛刃。不能動佛之一毛。今以火坑毒飯欲害於佛。譬如蚊虻之勢。欲墜大山。蠅蠓之翅。欲障日月。徒自毀碎。不如早悔。首過免罪。如來之身。金剛德體。願父改悔。歸命世尊。長者申日。罪蓋所蔽。心不開解。告子言。佛有神通。照見未然。當預知我。作火坑毒飯。今受吾請。以此推之。必無遠慮。

《原典註釋》

①**月光童子**：又作月明童子、月明菩薩。佛陀時代摩揭陀國王舍城長者申日之子。與其父子相關的經典有《月光童子經》、《月明菩薩經》、《申日經》、《德護長者經》、《寶雨經》、《月燈三昧經》等，《月光童子經》載，申日聽信六師外道之言，作火坑欲害佛，其子月光童子諫止之卻不聽。後佛將火坑變為涼池，其父大悔，而皈依佛。此外，佛曾受記月光童子成佛，佛滅後當作支那國王，護持三寶。

據《申日經》所述，月光童子當生於中國作聖君：「佛告阿難：我般涅槃千歲已後，經法且欲斷絕。月光童子當出於秦國作聖君，受我經法興隆道化。秦土及諸邊國，鄯善、烏長、歸茲、疏勒、大宛、于填及諸羌虜夷狄，皆當奉佛尊法。」《寶雨經》載，佛說月光童子將於中國建立塔寺，供養沙門：「我涅槃後，最後時分，第四五百年中，法欲滅時，汝於此贍部洲東北方摩訶支那國，位居阿鞞跋致，實是菩薩故，現女身為自在主。經於多歲，正法治化，養育眾生，猶如赤子，令修十善。能於我法廣大住持，建立塔寺，又以衣服飲食臥具湯藥供養沙門，於一切時常修梵行，名曰月淨光。」《德護長者經》：

「於當來世佛法末時，於閻浮提支那國內，作大國王，名曰大行，能令支那國內一切眾生信於佛法種諸善根。時大行王，以大信心大威德力，供養我缽，於爾數年，我缽當至沙勒國，從爾次第至支那國。」

如果推估月光童子是在公元五〇〇年至一〇〇〇年間以中國皇帝身分出現，那麼中國歷史中，似乎只有隋文帝是比較符合經文的描述，但此並無法證實。另在《月燈三昧經》中，佛回答月光童子，因依平等心、救護心、無礙心、無毒心，及因地所修的無量三昧，得證菩提，或成就施、戒、忍辱等法，而得諸法體性平等無戲論三昧。《月明菩薩經》佛對月光童子說法財二施，及過去之智止太子以身肉療比丘之病。

申日毒飯

世尊接受了申日長者的邀請，然而這次受邀非比尋常，須運用威神力，感動十方，令其心服；不但要化度無量眾，還要化導六師及九十六種外道。於是佛放大光明，極至佛境界。當佛到長者家門口時，門前火坑便化成水池，生出大蓮花。

申日見此景，心神驚動，惶恐至極，心想：「這下真的糟了，我造下這般逆惡無道的大罪！」因而回過頭質問六師外道：「這都是你們害的！現在我該如何是好？」

這時六師恐怖慚恥，便各自逃竄。申日只好向佛作禮，懺悔說：「唯願世尊，憐我愚昧無知，因誤信邪師，興毒害之意，幸賴您的慈悲感化，乞求原諒我的罪過。這飯食之中投有劇毒，不能食，等一會，我另辦飯食供養。」佛說：「不用了，你把這原來的飯拿來便是，不用更換了，你要知道，人心中有貪淫、嗔恚、愚癡、邪見，才是世間劇毒。我心已清淨，沒有此毒，心中之毒已滅盡，任何毒也害不了我。」

申日於是把毒飯奉佛，頓時只聞香徹十方。申日跪下求佛說：「佛大慈大悲，憫念眾生，拔濟於我等，免受塗炭之苦。」佛說：「你能自覺悟，重罪必除。我今為你廣宣道義，令你心解。」於是佛廣說八解、四諦、三脫、六度等深妙法語，解三界空，諸法因緣，種種造作罪福，都對症下藥，應機而說法，申日隨即領悟，心意開解。

◀佛陀來到長者家門口時，門前火坑化成水池，生出大蓮花。申日見此，惶恐至極，心知造下大罪，只好向佛頂禮懺悔，乞求原諒罪過。

申日毒飯

月光童子經[1]云。爾時世尊。受申日[2]長者請。不與常同。當放威神。感動十方。令於心服。廣化無涯。並化六師。及九十六種外道。放大光明。極佛境界。至長者門。火坑即成水池。出大蓮華。申日見之。心動神驚。慞惶怖悸。心自念言。我之逆惡。所為無道。顧謂六師。我今如何。六師恐怖慚恥。即各逃竄。申日作禮。唯願世尊。恕我愚冥。用信惡言。興毒害意。幸賴慈化。乞原罪咎。飯食之中。悉皆著毒。願待須臾。更炊飯食。佛言。便持飯來。不須更設。貪淫嗔恚。愚癡邪見。世之重毒。吾無此毒。毒已滅盡。毒不害我。申日下食。香徹十方。申日啟言。佛大慈悲。愍念眾生。濟我塗炭。佛告申日。能自覺悟。重罪必除。吾當為汝。廣宣道義。令汝心解。廣說無量法言。八解。四諦。三脫。六度。深道法要。微妙之行。解三界空。諸法因緣。造為罪福。觀病選藥。如應說法。申日情悟。心開疑解。

原典註釋

①**月光童子經**：一卷，西晉竺法護譯。與《佛說德護長者經》、《申日兒本經》、《佛說申日經》為同本異譯。

②**申日**：又作申越、施越、尸利崛多，意譯作首寂、德護、勝密、吉護、吉祥護等，與其名稱相關的經典，除了《申日經》、《申日兒本經》，尚有《德護長者經》，申日長者與德護長者兩故事相同，應為同一人，據《佛說德護長者經》，佛曾為其受記成佛，無等身如來：「彼佛欲入涅槃時，授德護長者記，當得作佛，號無等身如來、應供、正遍知、明行足、善逝、世間解、無上士、調御丈夫、天人師、佛、世尊。德護長者家內眷屬，見我神變發菩提心者，皆於彼劫各各名號次第作佛。天、龍、夜叉、揵闥婆、阿修羅、迦樓羅、緊那羅、摩睺羅伽、人非人等，見我於德護長者家現神變時發菩提心者，皆於阿耨多羅三藐三菩提不退轉；於十方界各各剎土、各各名號皆得成佛。」

降伏六師

佛在王舍城竹園精舍為一千二百五十位比丘說法。那時瓶沙王（頻婆娑羅王）已皈依佛，且得初果，信敬心更加深厚。佛法尚未傳至摩揭陀國時，國中原有六師外道如富蘭那等，以顛倒邪見誑惑民眾，無知之徒因而誤信邪教，惡黨遍滿。

瓶沙王有一個弟弟，也信奉六師，並為邪見傾倒，而為六師竭盡家財。自從瓶沙王皈依佛教後，就殷勤勸告弟弟信皈佛陀。無奈弟弟執著邪迷，不願聽從王兄勸告，對王兄說：「我原本就有師父，為何還要去信佛？」於是派人通知六師，共同商議如何對付佛。

六師都來集會，並口出狂言說：「我們的神通技能並不遜於佛，何必畏懼祂！」於是他們齊聚王所，並對國王說：「我們願意以智慧、神化靈術等，與佛比試高下。」國王同意他們要求，就領六師，並請佛同到試場。

國王對佛說：「這六師要與您比試高低，唯願世尊，以神力化伏邪惡。」這時，佛升寶座之上，左側有帝釋，右側為梵王護持，國王大臣，萬眾圍觀。佛徐徐伸出手臂，以手按座，便有五大神王摧滅六師之座位，金剛密跡舉起金剛杵，杵頭出火，六師驚怖而逃。六師徒眾於是求哀懺悔，願為佛弟子，作沙門。

▲瓶沙王之弟與六師外道共議對付佛，各師決議與佛陀比試高下。於是佛在場中升寶座，諸神左右護衛，佛現金剛杵摧滅六師，六師竄逃，徒眾皆皈依佛。

降伏六師

賢愚因緣經云。佛在王舍城竹園中與千二百五十比丘俱。時瓶沙王。已得初果。信敬之心。倍加隆厚。國有六師❶。富蘭那。時先於其國。邪見倒說。誑惑萬民。迷冥之徒。信服邪教。眾類廣布。惡黨遍滿。時王有弟。敬奉六師。信惑邪倒。謂其有道。竭家之財。供給無乏。兄王瓶沙。殷勤方便。勸令奉佛。弟執邪理。不從王教。弟白兄王。我自有師。更不奉佛。遣人往喚。六師皆來聚集。共議斯事，六師悉集。各共議言。我等技能。不減於佛。即詣王所。自說智能。神化靈術。與佛試之。王領六師。請佛同詣試場。白言六師。欲得捔術。唯願世尊。奮其神力。化伏邪惡。時佛升座。帝釋侍左。梵王侍右。國王大臣。萬眾圍繞。佛徐伸臂。以手按座。即有五大神王。摧滅挽拙六師之座。金剛密跡。捉金剛杵。杵頭出火。舉擬六師。六師驚怖。奔突而走。六師徒眾。求哀懺悔。為佛弟子。願成沙門。

原典註釋

①**六師**：佛教所稱外道，不僅指佛教以外其他學派教說，更指其思想內容的謬誤，佛典還將這些學說整理歸納出六十二見。六師外道即：

一、阿夷多．翅舍欽婆羅：順世派始祖，唯物論者。謂人死後，別無其他，否定了物質以外的精神力量，佛陀稱這種講法為「斷滅論」。

二、浮陀．迦旃延：唯物論者，認為一切眾生，都是由地、水、火、風、苦、樂、命我（壽命）等七種要素所組成的，不會被傷害。不會有真正死去的人，所以沒有殺人者，所以無有德者，也不必修行。此觀點否定道德與善惡業報。

三、富蘭那．迦葉：道德否定論者。主張為惡無惡報，為善亦無福報。

四、末伽黎．拘舍羅（或譯為末伽梨瞿舍梨、末伽梨瞿舍利）：邪命外道之祖、決定論者。主張善惡、苦樂，一切皆命定，於輪迴中不增不減，一直要等到輪迴的時間盡了，才能自然得解脫。有些行徑如裸體、持戒嚴謹、極端苦行。有另稱此派是「邪命外道」。

五、散惹耶．毗羅梨子（或譯為散若夷毗羅梨沸、刪闍耶毗羅胝子、先闍那毗羅胝子）：懷疑論者，認為真理、是非、善惡是難以判斷，應捨棄探求，老實嚴謹地修習禪定，才是明智。所以被稱為「詭辯論」者、「不死矯亂論」者或「捕鰻論」者。舍利弗與目犍連，出家前，就是事此師。

六、尼乾子．若提子：耆那教始祖、相對主義者。其教認為靈魂是寄生於動物與植物之內。所以，特別重視不殺生戒。「業」是一種物質依附在靈魂，成熟結苦果或樂果後才會離開。解脫就是要使「業」不再附著於靈魂上，為此，必須以合於道德行為，制止情欲，另一方面，必須以苦行使業成熟，所以主張嚴守戒律與苦行。

持劍害佛

佛在拘彌國時，有一位婆羅門宰相，狂暴而無道，其妻也邪惡狠毒，與丈夫一樣。夫對其妻說：「瞿曇沙門來本國說教，如果祂來，你不要開門。」

某天中午，佛果然忽然出現在他們屋中，婆羅門妻見了，心中非常驚訝，什麼話也不說。佛則說：「你這婆羅門，愚癡邪見，不信三寶。」婆羅門妻一聽，心生大瞋恚，氣到把瓔珞扯毀，穿上垢膩衣，坐在地上。

丈夫從外回來，見她這樣，就問：「你是怎了？誰欺負了你嗎？」妻答：「剛才瞿曇沙門來過，竟辱罵我，說我們信奉婆羅門，愚癡邪見等。」其夫說：「沒關係，且待明日，你開門等佛，我來對付祂。」隔日中午，佛又出現在他家，婆羅門立即取利劍，向佛身上刺去。佛現神通升於虛空，毫髮無傷。婆羅門十分驚訝，知道佛並非一般凡夫，乃是有修為的聖者，於是生慚愧心，當場五體投地，向佛說：「唯願世尊，接受我的懺悔。」佛即降下來，受其懺悔，為說法要。夫婦二人於是接受佛陀教化，都得到了須陀洹道。

國中之人聞此事，讚歎世尊出世甚為奇特，佛對眾人說：「不只是今日降化如此惡人，過去，也曾調伏降化如此惡人。」

▲一婆羅門宰相取利劍，向佛刺殺。佛現升於虛空，毫髮無傷。婆羅門夫婦知佛為聖者，不應傷害，生慚愧心，五體投地，祈求懺悔，並接受佛陀的教化。

持劍害佛

持劍害佛

寶藏經[1]云。佛在拘彌國。有輔相婆羅門。為人狂暴。動不以道。其婦邪諂。亦復無異。夫語婦言。瞿曇沙門在此國界。若其來者。閉門莫開。於一日中。如來忽然在其屋中。婆羅門婦。見已默然。都不與語。佛便說言。汝婆羅門。愚癡邪見。不信三寶。婦聞此語。懷大嗔恚。自絕瓔珞。著垢膩衣。在地而坐。夫從外來。問言。何以爾也。答曰。瞿曇沙門。罵辱於我。作如是言。汝婆羅門。邪見不信。夫言。且待明日。明日開門。以待佛來。於後日中。佛出現其家。婆羅門即捉利劍。而斫於佛。佛現神通。不能得著。見佛在虛空中。便自慚愧。五體投地。而白佛言。唯願世尊。下來受我懺悔。佛即下來。受其懺悔。為說法要。夫婦俱得須陀洹道。時諸人民。聞佛降化。如是惡人。各作是言。世尊出世。甚奇甚特。佛告諸人言。非但今日降化如是惡人。過去之時。亦曾調伏降化如是惡人。

原典註釋

①**寶藏經**：即《雜寶藏經》，元魏吉迦夜、曇曜合譯。以佛陀及其弟子為中心人物的故事集。內容，包括佛傳、本生、因緣，以及民間、寓言、譬喻等啟發性的故事。其中亦有史實記載及僧眾平時教化資料。本經與《賢愚經》、《大莊嚴論經》等為同類型之著作。由於經中載有迦膩色迦王事蹟，可推知應在迦膩色迦王之後所集錄而成。

佛救尼犍

佛在舍衛國降伏了外道邪見，使六師及其徒眾都四散。五百尼犍子外道集在一起討論：「我們的徒眾被佛所感化，一切都離散了，活著也沒意義，不如燒身自盡，往生來世算了。」於是每人各抱柴薪，準備燒身而亡。

佛大慈悲為拔眾生彼苦，於是來到他們身邊，佛入火光三昧。那些尼犍子見旁邊忽有大火聚，心生歡喜說：「我們不必再燃火了，直接投身那火中吧！」於是一同投身於火光之中，但覺身體清涼，極為大樂；猛然一見，原來佛已坐其中，更加慶悅，於是欲求出家。佛便為他們說法，令他們都證得阿羅漢，各自鬚髮落地，法服在身，即成沙門。

佛對比丘們說：「從前有一商主與其他商人入海採寶，順風前往寶藏之地。其他商人們因為貪取珍寶，所以滿載船中。商主勸他們：『莫貪財！如果超載，小心賠上性命，得不償失。』商人們見紅了眼，聽不進去，寧可與共珠寶共死，也不肯減少。商主只好把自己船中珍寶棄於海中，好讓那些商人上船，而那些載滿珍寶的商船，因為超載過重，全部皆沉沒於海中。幸虧商主有大慈悲和智慧，才救了這些商人的性命，使他們平安而歸。今日也是如此，以種種方便說法度諸外道。」

◀尼犍子外道因徒眾離散，欲燒身自盡，佛至其處所，入火光三昧。尼犍子投身火炬時頓覺清涼，猛然一見，佛已坐其中，並為其說法，於是得度出家。

佛救尼犍

佛救尼犍❶

雜寶藏經云。佛在舍衛國。爾時如來降化外道邪見。六師及其眷屬。悉使破盡。五百尼犍子。作是念言。我等徒眾。都破散盡。不如燒身。畢就後世。即集柴薪便欲燒身。如來大悲。欲拔彼苦。使火不然。佛在其邊。入火光三昧。諸尼犍子。見大火聚。心生歡喜。而作是言。我等不須然火。皆共投身。既到火聚。身體清涼。極大快樂。見佛在中。倍復慶悅。求欲出家。佛為說法。得阿羅漢。鬚髮已落。法服在身。即成沙門。佛告諸比丘言。昔有商主入海採寶。順風而往。即往寶所。諸商人眾。貪取珍寶。滿載船中。商主告言。莫重著寶。喪汝身命。時諸商人。不聽其言。寧共寶死。不肯減卻。商主即以自船中寶。投棄海中。上諸商人。著己船上。是諸寶船。裝載極重。盡皆沉沒海中。唯商主船。救諸商人。俱得還家。爾時商主。深生悲愍。救諸商人。吾今方便。種種說法。度諸外道。

原典註釋

①**尼犍**：又作尼虔，尼乾，尼健。六大外道之一，又作尼乾陀子外道、尼犍子外道、尼犍陀子外道，或稱尼犍子論師。意譯離繫、不繫、無結，離三界繫縛之義也。因其以修苦行，離世間之衣食束縛，而期遠離煩惱之結與三界之繫縛，又特修裸形塗灰等苦行，不以露形為恥，故世人貶稱為無慚外道、裸形外道。開祖為勒沙婆，至尼乾陀若提子為中興之祖。後世稱之為耆那教，出家修習苦行、實行教理者，通稱為尼犍陀。然而，尼乾陀若提子入寂後，尼乾子外道分成空衣與白衣二派。空衣派仍主倡不著衣的裸體生活，故稱為裸形外道、露形外道。白衣派則流行於北印度一帶，為避寒氣而著白衣，此或即其分裂為二派之原因。《大唐西域記》卷三：「本師所說之法，多竊佛經之義，隨類設法，擬則軌儀；大者謂苾芻，小者稱沙彌，威儀律行，頗同僧法，唯留少髮，加之露形，或有所服，白色為異，據斯流別，稍用區分。其天師像竊類如來，衣服為差，相好無異。」由於耆那教與佛教有類似點，故近代西歐學者曾認為耆那教係由佛教轉化而來，但深入研究後，發現二者大異其趣。

初建戒壇

佛在祇樹給孤獨園時，一位名喚樓至的菩薩請求佛建立戒壇，作為出家眾戒度的場所。如來應許樓至，同意創建三壇：佛院門東側，佛為比丘結戒壇；佛院門的西側，佛為比丘尼結戒壇；外院東門南面，由僧為比丘受戒壇。

戒壇從地面而立，共三層，象徵佛法三空門（空、無相、無願），為初入佛門的人排遣解脫世間的疑惑煩惱。戒壇剛剛建立起來，天帝布施了一覆蓋的容器於戒壇上，大梵天王布施一顆無價寶珠，置放容器之中，供養舍利。

於是戒壇分五層，表示為五分法身（戒、定、慧、解脫、解脫知見）。大梵天王施與的寶珠，有五升淨瓶大，有大福大德者看見它，能看光照八百由旬之遠；少福德的人看到，像一團黑墨聚合。

戒壇建成時，十方諸佛及無量大菩薩、天龍八部護法神全都雲集，諸佛登上戒壇，共同商議結戒輕重持犯，及戒度比丘尼等事宜。祂們討論著：「古代有四部戒律，能讓佛門弟子遵從，今怎麼沒有了？雖然正法將滅半，至少比丘尼還有八敬的戒律，流傳千年。」從此之後，佛院二壇，為諸佛共議佛事之戒壇，外院為僧受戒壇，為比丘、比丘尼、優婆塞、優婆夷受戒壇。

◀樓至菩薩請求佛建立戒壇，東側佛為比丘結戒壇；西側佛為比丘尼結戒壇；外院，由僧為四眾受戒壇。十方諸佛及無量大菩薩、天龍八部護法雲集。

初建戒壇

初建戒壇

戒壇圖經❶云。佛在祇樹給孤獨園院中。樓至菩薩請佛立戒壇❷。為結戒受戒。爾時如來依言許已。創立三壇。佛院門東。名佛為比丘結戒壇。佛院門西。佛為比丘尼結戒壇。外院東門南。置僧為比丘受戒壇。戒壇從地而立。三重為相。以表三空。為入佛法初門。散釋凡惑。非空不遣。時天帝釋。施以覆釜。置於壇上。以盛舍利。大梵王。施無價寶珠。置覆釜上。供養舍利。是為五重。表五分法身❸。大梵王所施寶珠。大如五升瓶。有大福德者見之。光照八百由旬。薄福德者見之。猶如墨聚。壇既成已。於是十方諸佛。無量菩薩。天龍八部。悉皆雲集。諸佛登之。共議結戒輕重持犯等相。又議度尼滅正法相。諸佛通議曰。古有四部。今何獨無。初雖正法滅半。尼行八敬。還住千年。故此二壇唯佛所登。共量佛事。外院僧受戒壇。僧為比丘。比丘尼。優婆塞。優婆夷。受戒壇也。

原典註釋

①**戒壇圖經**：唐道宣撰。《大宋僧史略》卷一：「唐初靈感寺，南山宣律師，按法立壇，感長眉僧（即賓頭盧身也），隨善讚歎：立壇應法，勿過此焉！宣撰戒壇經一卷，今行於世。」

②**戒壇**：是指舉行受戒律儀式的場所，及說戒之壇場，古代印度初於露天作法，不另設壇。戒壇之始建，《佛祖統紀》卷三載：「十三年（壬辰）佛還摩竭提國。為弗迦沙王說法，樓至菩薩請立戒壇。」關於戒壇之形製，據義淨於《大唐西域求法高僧傳》描述印度那爛陀寺之戒壇，謂其「方大尺一丈餘」，即於平地四周高築塼牆，高約二尺，牆內坐基則高約五寸。中國戒壇設立風氣，係在戒律經典及其儀式傳入後所興起。中國最早之戒壇，相傳為曹魏嘉平、正元年間（西元二四九至二五六年）曇柯迦羅於洛陽所建。

③**五分法身**：即佛及阿羅漢自體所具備的五種功德。五分法身之次第，由戒而生定，由定而生慧，由慧而得解脫，由解脫而有解脫知見。此五者均為佛之功德，以此五法而成佛身，故稱五分法身。《俱舍論光記》卷一所舉，即：一、戒身。二、定身。三、慧身，即無學之正見、正知。四、解脫身，即與正見相應之勝解。五、解脫知見身，即無學之盡智、無生智。其中，解脫身與解脫知見身，合稱為解知見。

姨母求度

佛入迦毗羅衛國時，姨母大愛道前來佛所，對佛說：「我聽聞女人精進修行，一樣可以證得沙門四果，所以我想出家修行，請求受戒。願佛悲憫我，允許我出家。」佛說：「這不可，女子不適合出家、受戒、披法衣。女子可在家學道，盡其一生修持清淨梵行。」

然而，姨母仍再三哀求，還是被佛拒絕門外。姨母十分感傷，於門外悲啼哭泣。阿難剛好經過，見其如此傷心，便上前詢問原因，大愛道說：「因佛不許我們女子出家，因而悲傷。」阿難說：「您且寬心，等我去向佛請求。」

佛說：「阿難，你尚不了解，如果使女子出家，佛門清淨梵行將不得久住。」阿難說：「但念養育之恩，盼佛通融。」佛說：「姨母實對我有恩。我初生七日，母親即命終，賴姨母養育我。今我於此世界成佛，多有恩德於姨母。也因為我，姨母得皈依佛法僧，受持五戒。假使女子要出家，必須一生行持八敬法，不得逾越。能持八敬法者，才准許她們出家。」

阿難便轉告大愛道，其當下允諾奉行佛的教敕，一生受持八敬法。之後，佛又對阿難說：「因為女子出家作沙門的原因，將使正法五百歲而進入衰微。阿難，因為女人無法達到五種尊貴之位。」

◀姨母大愛道求佛出家，佛不肯，阿難以姨母養育之恩德求佛通融，佛要求其持八敬法，才准許她們出家。自此為佛門中出家比丘尼之始祖。

姨母求度

姨母求度

中本起經[1]云。佛入迦毗羅衛國。姨母大愛道。即至佛所。白言。我聞女人精進。可得沙門四道。願得受佛法律。出家為道。佛言。且止。以女人入我法律。服法衣者。當盡壽清淨修行梵行。姨母求哀至三。佛不肯聽。立於門外。嘘唏悲啼。阿難遂問伯母。伯母答言。不得出家。以自悲傷。阿難言。且自寬意。待我白佛。佛言止止。阿難復言。伯母多有善意。佛初生時。乃自育養。至於長大。佛言。於我有恩。我生七日。而母終亡。自育養我。至於長大。今我於天下為佛。亦多有恩德於姨母。但由我故。得歸依佛法僧。受持禁戒。不殺盜淫妄飲酒。佛言。假使女人。欲作沙門。有八敬法[2]。不得逾越。當以盡壽學而行之。審能持此八敬法者。聽為沙門。阿難便為伯母說佛教敕。姨母唯諾。佛告阿難。若以女人作沙門。使我正法五百歲衰微。所以者何。女人有五處不能得作[3]故耳。

原典註釋

①**中本起經**：後漢曇果、康孟詳合譯。又名《太子中本起經》、《太子本起經》。敘述佛成道後的教化事蹟。全書十五品。

②**八敬法**：又名八敬戒、八尊師法、八不可越法、八不可過法等，是指比丘尼敬重比丘的八法。即：一、比丘尼百歲禮初夏比丘（指比丘尼受具足，即使已經百歲，對於新受具足僅經一夏的比丘時，仍須禮拜）。二、不得罵謗比丘。三、不得舉比丘過。四、從僧受具戒。五、有過從僧懺。六、半月從僧教誡。七、依僧三月安居。八、夏訖從僧自恣。（第四法之後，指比丘尼若欲持具足戒、懺悔、教誡、安居、自恣等法，皆應依止大德比丘）。

③**女人有五處不能得作**：根據《中本起經》卷二：「阿難。女人有五處不能得作。何等為五？女人不得作如來、至真、等正覺；女人不得作轉輪聖王；女人不得作第二忉利天帝釋；女人不得作第六魔天王；女人不得作第七天梵天王。夫此五處者，皆丈夫得為之耳。」同見於《大愛道比丘尼經》。

度跋陀女

因佛陀的姨母及阿難的再三請求，世尊終於同意女子出家，大迦葉想起他出家前，曾經承諾過結髮妻子跋陀羅迦卑梨耶：「我若尋找到明師，一定前來接引你。」於是以天眼觀見跋陀羅女，在波離婆奢迦外道之處，出家學道。

大迦葉便請一位有神通的比丘尼，前往跋陀羅女處，對她說：「你之前的丈夫大迦葉，與我同師，出家學道，修行梵行。你也可以前往，一同修持梵行。」跋陀羅女問：「你的師父是何等人物？」比丘尼說：「我本師釋迦牟尼佛，三十二相之莊嚴身，具足八十種好、十八不共法、十力、四無所畏，大慈大悲、戒、定、慧、解脫、解脫知見，皆悉具足，諸弟子等亦復如是。」跋陀羅女說：「如果真是如此，我可以隨之。」於是比丘尼和跋陀羅女頃刻間來到佛所。

跋陀羅女至佛前頂禮，合掌說：「唯願世尊，許我出家。」世尊即命阿難帶領此女至摩訶波闍波提處，付囑佛准其出家，授具足戒。跋陀羅女出家後，遠離一切塵垢，獨自在空閒安靜之處精進修持，如理思惟，心不放逸。沒多久便能自知自證，自說：「生死已斷，梵行已立，所作已辦，不受後有。」

▶大迦葉過去的妻子在外道出家，他請一位比丘尼前往度化，比丘尼告知她：「大迦葉已隨佛出家，你亦可前往修行。」其女出家後，亦修持自證道果。

度跋陀女

度跋陀女

本行經云。爾時世尊。聽其女人出家。大迦葉以天眼觀跋陀羅迦卑梨耶[1]女。在波離婆闍迦外道之處。出家學道。即令有神通比丘尼。往彼女人之所。告言。汝夫迦葉。與我同師。出家學道。修行梵行。汝今亦可往詣彼所。修行梵行。跋陀羅女。問比丘尼言。汝師何等。答言。我師釋迦牟尼佛。三十二相。八十種好。十八不共佛法。十力四無所畏。大慈大悲。戒定慧。解脫知見。悉皆具足。及諸弟子。亦復如是。跋陀羅女言。若如是者。我當隨去。比丘尼共跋陀羅女。乘神通力。如屈伸臂頃。即至佛所。頂禮佛足。白言世尊。聽我出家。世尊告摩訶波闍波提言。此女聽令出家。授具足戒。跋陀羅女。出家不久。至空閒處。獨自安靜。遠離諸濁。勤苦行心。身不放逸。思惟而住。修行梵行。現得見法。自得神通。得安樂住。口自唱言。生死已斷。梵行已立。所作已辦。不受後有。

原典註釋

①**跋陀羅迦卑梨耶**：即為大迦葉出家前的妻子，《增一阿含經》音譯為「婆陀」，又由於她的父親是劫毗羅婆羅門，所以又叫做劫毗羅比丘尼。《增一阿含經》卷五十：「佛告諸比丘：『我聲聞中第一弟子自憶宿命無數世事，劫毗羅比丘尼是。』」又稱「妙賢」，出於《根本說一切有部苾芻尼毗奈耶》卷一：「女容儀可愛，端正無雙稟性賢善，復是劫比羅女，應名妙賢。」

她嫁給大迦葉之後，雖一起生活，確遵行先前盟誓，雖然同居一室，卻是各睡一邊，互不相觸，各修清淨業，求出世之道。《佛祖統紀》卷五：「夫婦二人了無欲意，各住一房父母知已，毀除一房令其同室，迦葉語曰：我若眠時汝當經行。汝若眠息我當經行，夫婦節操。」

而關於「妙賢」的故事，在《根本說一切有部苾芻尼毗奈耶》有不少記載，最初她在裸體外道中出家，情況很糟，還對大迦葉哭訴悲慘遭遇：「我於裸體外道教團中出家。萬萬想不到，我的一生淨行和貞節竟全失去了，竟像投身畜生群中，被那些餓鬼似的裸體外道輪番蹂躪。聖者，你能救救我嗎？」之後，妙賢皈依佛陀出家，並證得阿羅漢果，為宿命第一的比丘尼，能憶無量劫之事。即使證了羅漢果，仍有宿世的業報。某日妙賢比丘尼進城乞食，阿闍世王的大臣見到妙賢比丘尼，驚為天女，便將她騙進了王宮，於是她被阿闍世王凌辱！隔天早上，蓮華色比丘尼乘著神足通飛往王宮，把發起神通的方法教了她，妙賢比丘尼於是也能騰空而起，兩人一起飛還了比丘尼寺。由於犯了根本戒，必須逐出僧團，但世尊先問妙賢比丘尼：「被辱之時受樂不受樂？」妙賢比丘尼的回答：「弟子已經離欲，豈有受樂之理？」世尊說：「好，妳既離欲，妳不犯戒，妳沒有罪。」佛宣布她無罪，同時向大眾說了許多她的本事因緣。

再還本國

佛再次回到迦毗羅衛國，中途停留在尼拘陀林休息。佛對優陀夷說：「你可以先入城向父王通報。」優陀夷於是以神通力飛至到淨飯王所。

淨飯王見了優陀夷，便問：「大師什麼因緣而來？」優陀夷說：「我為佛乞食而來。」淨飯王說：「那你快把飯食帶回去，我隨後就會去見祂。」佛用過飯食後，現了種種瑞相。

淨飯王見佛的瑞相，便令群臣備車馬及香花幡蓋，來到佛所。這時，佛為度化淨飯王，乘神力於虛空中自在遊行。這時大梵天王、釋提桓因、須夜摩天、兜率陀天、化樂天王、他化自在天王等，都執持香花幢幡供養如來，又有四天王天、三十三天諸天子等在虛空中，散天香花，供養如來。

淨飯王看到這稀有的景象，感歎說：「悉達多初作童子時，不顧戀四方天下、做轉輪聖王。今於三千大千世界作為大法王，統領人天，如此富貴自在！我今雖然貴為一國之君，也不過受國中人尊崇；而佛貴為正法王，無數天人圍繞侍衛。」淨飯王不覺頭面著地，向世尊作禮。

◀佛再次回祖國，中途休息，遣優陀夷先入城通報。淨飯王便備車馬至佛所，佛為度化父王，乘神力於虛空遊行，諸神拱護，作大法王，父王作禮讚歎。

再還本國

再還本國

寶積經[1]云。佛住迦毗羅衛國。尼居陀林。告優陀夷[2]。汝可入城。報於父王。優陀夷以神通力。飛空往詣淨飯王所。時王遙見。問言。大師何來。答言。我為如來乞食而至。王曰。汝可速還佛所。將食奉佛。我今亦當往見世尊。世尊食已。先現瑞相。時淨飯王。見瑞相已。敕諸臣言。速辦好乘。香花幡蓋。往詣佛所。爾時世尊。為度王故。過於人上。在虛空中。自在遊行。大梵天王。釋提桓因。須夜摩天。兜率陀天。化樂天王。他化自在天王。各各執持香花幢幡。供養如來。四天王天。三十三天。諸天子等。在虛空中。散天香花。供養如來。時淨飯王見已。心生稀有。而作是言。如來作童子時。不以四天下轉輪聖王。生於顧戀。今於三千大千世界中。為大法王。統領人天。富貴自在。今此世尊。為正法王。我今於此。為人圍繞。世尊乃有天人侍衛。時淨飯王。不覺頭面著地。禮世尊足。

原典註釋

①**寶積經**：又作《大寶積經》。為一部叢書體裁的經集，為唐代菩提流誌等譯。玄奘示寂前一年（西元六六三年）曾試譯幾行，因氣力衰竭而輟筆。菩提流志從神龍二年（西元七〇六年）開始編譯，歷時七年，先天二年（西元七一三年）完成，其用叢書體裁，多勘同從前譯過的另本編入，而四十九會的大叢書，是後來陸續發展而成的。現在還有梵文本及西藏語譯本，與其他的漢譯本、梵文本與西藏語譯本比較，可知經文內容是逐漸擴增。因為大乘妙法，故謂「寶」；聚集無量之法門，故謂「積」。寶積，乃「積集法寶」之意。係纂輯諸菩薩修行法並授記成佛等經而成。全經的內容廣泛論及大乘佛教各種法門，涉及的範圍甚廣，一會相當一部經，各有其獨立之主題。如四十六會〈文殊說般若會〉論述「般若性空」思想；第五會〈無量壽如來會〉宣說彌陀淨土信仰；第二、第三、第七等會闡揚密教之重要教義。本經各會所屬部類，從小乘部、律部、般若部、大集部等，亦極紛雜，雖然各有特色，但缺乏一貫系統。

②**優陀夷**：佛召優陀夷尊者至父王所，主要是因為於聲聞弟子之中，優陀夷為釋種，具足辯才善說法要，今可往化淨飯父王，以善方便開發道意。所以佛最後才決定遣優陀夷尊者前去，目的是為了要度化淨飯王。《大寶積經》卷六十一：「爾時世尊自告優陀夷言：『優陀夷！汝可入城教化父王。何以故？唯我與汝堪能教化淨飯王耳。優陀夷！我諸聲聞弟子之中，汝能教化諸邑聚落最為第一。』」

為王說法

世尊對父王說：「我所說的法，無論是初、中、後，都是圓滿的，其義深遠，淳淨無雜染。今為父王一一解說梵行法：所謂六界，也就是地、水、火、風、空、識等界，而眾生以內在眼、耳、鼻、舌、身、意六根接觸外在的六塵（色、聲、香、味、觸、法），當所面對的境界順自己的意時，便生染愛心；一旦不順自己的意，便生瞋恚厭惡；一般平常的境界，則生愚癡心。因為內六根對外六塵境界，而生分別想，起貪瞋癡；因貪嗔癡，墮四惡趣（地獄、餓鬼、畜生、修羅），輪轉生死，無解脫期。

「父王！一個人造了什麼業，必受什麼果報，這業報並不會毫無原因就消失；如果不造業，便不會受報，但這並不是佛法的第一義。這第一義的空性之理，父王當知，一切諸法皆悉空寂，觀察一切諸法的空性，是空解脫門；能知一切法空，故觀男女、一異等相，實不可得，如是通達諸法無相，是無相解脫門；一切諸法既空而無相，則於一切諸法無願無求，心恆常清淨自在，名無願解脫門。任何一法，皆具此三解脫門，這是究竟涅槃界，心如虛空周遍法界，當知諸根如幻，境界如夢，不生執著分別。」

當佛說完這段開示後，淨飯王及七萬釋迦族皆得無生法忍。世尊心很欣慰，微笑而說：「釋種決定智，曉知一切法；人中命終已，得生安樂國；面奉無量壽，住安樂國已，無畏成菩提。」

◀佛為父王說法，解說眾生以內六根接觸外在的六塵境界，產生染愛心、瞋恚心及愚癡心，所以輪迴生死。又說三解脫門之理，淨飯王等皆得無生法忍。

爲王說法

爲王說法

寶積經云。爾時世尊。告父王言。我所說法。初善。中善。後善。其義深遠。其味亦善。淳淨無雜。清白無染。顯說梵行法。一一分別解說。所謂六界。地界。水火風空識界。六觸❶。入眼耳鼻舌身意識境界❷。若緣順境。生於愛心。緣於違境。則生嗔恚。於中庸境。生愚惑心。如是三事。起貪嗔癡。因貪嗔癡。墮四惡處。輪轉生死。無解脫期。大王。如是作業果報。皆不失壞。無有作業者。無有受報者。但隨世俗故有。非第一義。大王當知。一切諸法。皆悉空寂。一切諸法空者。是空解脫門。空無空相。名無相解脫門。若無於相。則無願求。名無願解脫門。一發法。皆具三解脫門❸。究竟涅槃界。決定如法界。周遍虛空際。當知諸根如幻。境界如夢。佛說是法時。淨飯王。及七萬釋種。得無生法忍。爾時世尊。即微笑說偈曰。釋種決定智。曉知一切法。人中命終已。得生安樂國。面奉無量壽。住安樂國已。無畏成菩提。

原典註釋

①**六觸**：即指「六根」，六種感覺能力或器官。根為能生之義，謂六根能生六識，而名六根。一、眼根為眼識所依，能見諸色相。二、耳根為耳識所依，能聽聞諸聲相。三、鼻根為鼻識所依，能嗅聞諸種香味。四、舌根為舌識所依，能嚐種種味。五、身根為身識所依，諸根之所依，能覺觸。六意根為意識所依，能分別五境。

②**境界**：此指「六塵」而言，即色塵、聲塵、香塵、味塵、觸塵、法塵等六種境界。又作外塵、外境。凡眾生以六識緣六境，遍污六根，染污真性，故稱為塵。塵即染污之義，即能染污情識，而使真性不能顯發，涅槃經中稱此六塵，名六大賊，以能劫奪一切善法。凡夫眾生因六根觸六塵，如果緣順境，生染愛心，如果緣逆境，生瞋恚心，一般境界，多愚惑心，貪瞋癡三心，使眾生輪轉生死，無解脫期。

③**三解脫門**：指能得解脫涅槃的三種法門，即空、無相、無願，又稱三解脫、三脫門、三門。三解脫門為大小乘佛典所共通的基礎教門。即：一、空門，觀無我、我所，觀一切諸行不真實、一切法皆無自性，由因緣和合而生，通達此觀，於諸法得自在。二、無相門，又稱無想門。謂觀因空故，知一切法空，不起著於相，觀男女一異等相實不可得，通達無相，即離差別相得自在。三、無願門，又作無作或無欲，謂觀無相，知一切法無相，於未來死生相續，無所愛染願求，於三界無所願求，則不造作生死業，則無果報之苦而得自在。

佛留影像

淨飯王對佛說：「世尊！你是我的兒子，我是你的父親。我在世能見你成佛的樣子，但也只是看到你的外表，看不到你內在。當初你在宮中當太子，相師看到你將成佛的三十二相，現在你成佛，光明遠遠超越過去百千萬倍。然而，我在想將來你涅槃後，後人要如何才能見到你的莊嚴相貌呢？所以，希望世尊現在為我，也為後人來說明。」

世尊於是入色身三昧，從口中放出五色光，照著淨飯王頭頂及精舍，然後，又遍照整個娑婆大千世界，最後又從佛頂收回。世尊為了使眾生能看清楚佛的色身，便把精舍變化成一座白玉山，高低大小如須彌山一樣，山上有千百個供佛洞窟，每個洞窟里都現出一模一樣的佛像，此時，佛前方地上，有千葉大蓮花，每片葉上都有千光，金光化成佛的影像，佛的千名弟子則隨侍左右。

佛告訴淨飯王：「佛滅度後，佛的弟子如果能擺脫俗世煩擾，棄諸惡行，繫念佛光，即使佛不在世，也可以見到佛了。因為能見佛，一切惡行就會消滅。未來世中，就能如他們所願的成就三種菩提之道。」

▲淨飯王問佛：「你涅槃後，後人要如何見到你的莊嚴相呢？」這時，佛放光現千葉蓮花，光中化佛，佛說：「凡棄諸煩惱惡行，繫念佛光，即可見佛。」

佛留影像

觀佛三昧經云。爾時淨飯王。白佛言。世尊。佛是我子。吾是佛父。今我在世。見佛色身。但見其外。不見其內。悉達在宮。相師皆見三十二相。今者成佛。光明益顯。過踰昔日百千萬倍。佛涅槃後。末世眾生。當云何觀佛身色相好。知佛光明。惟願世尊。今當為我亦為眾生。分別演說。爾時世尊。入遍色身三昧。從三昧起。有五色光。從佛口出。照父王頂。及於精舍。遍娑婆世界。還從頂入。爾時世尊。欲令大眾。見佛色身。了了分明。佛化精舍。如白玉山。高妙大小。如須彌山。百千龕窟。於眾龕窟。影現諸像。與佛無異。時佛前地。有大蓮華。其華千葉。葉有千光。光千化佛。佛千弟子。以為侍者。佛告父王。佛滅度後。佛諸弟子若能割損諸事。指棄諸惡。繫念思惟。佛常光者。佛不現在。亦名見佛。以見佛故。一切諸惡。皆得消滅。隨其所願。於未來世。當成三種菩提[1]之道。

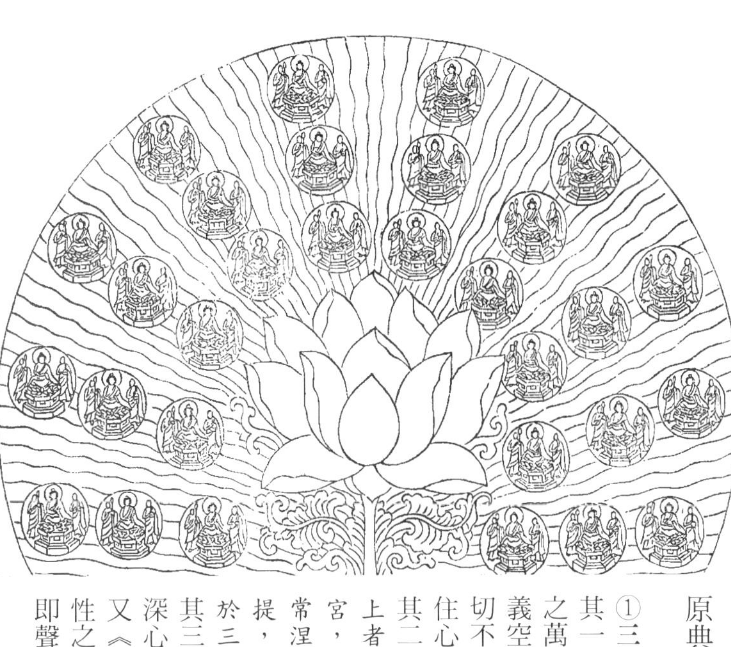

原典註釋》

①**三種菩提**：又作三菩提心，有不同說法。

其一，行願、勝義、三摩地等三種菩提心。一、行願菩提心，即大悲心，行指四弘六度之萬行，願乃願波羅蜜。二、勝義菩提心，又作深般若心，知一切法無自性，亦即觀勝義空性。三、三摩地菩提心，即與三密相應。凡一切眾生雖本共具大毗盧遮那法身，一切不可思議之德用皆具足於心身，覺知即身為此體，是為三摩地菩提心。見《大日經疏住心鈔》、《菩提心論問題》等。

其二，指應化佛菩提、報佛菩提、法佛菩提。《法華經論》中說道：「示現成大菩提無上者，示現三種佛菩提，一者應化佛菩提，隨所應見而為示現故，如經皆謂如來出釋氏宮，去伽耶城不遠，坐於道場得阿耨多羅三藐三菩提故。二者報佛菩提，十地行滿足得常涅槃證故，如經：善男子，我實成佛已來無量無邊百千萬億那由他劫故。三者法佛菩提，謂如來藏性淨涅槃常恆清涼不變故，如經：如來如實知見三界之相乃至不如三界見於三界故。」

其三，《大乘起信論》所舉之三種菩提心。即：一、直心，心常質直，離諸諂曲。二、深心，於正法深信，修一切善行。三、大悲心，悲憫受苦眾生，常思救護，使其安樂。又《金光明經玄義》：一、真性菩提，不偽不改，名為真性。二、實智菩提，謂能照真性之智。三、方便菩提，謂善巧隨機，化用自在。又，三乘之人所得的菩提又名三乘菩提，即聲聞菩提、緣覺菩提、無上正等菩提。

度諸釋種

釋迦族的五百子弟問佛說：「我們平時所見的佛身，總是見到佛身像黑炭一樣？我們前世犯了什麼罪孽？請世尊能為我們解說。」

佛告訴他們說：「過去，有一個佛，名毗婆尸如來。有一個長者名為日月德，他有五百位兒子，聰明伶俐，博學多才，能知天文地理、文學藝術等，無所不通曉。長者信敬佛法，常為兒子們說十二因緣之理。但孩子們聽了，疑惑不信，反說父親年老糊塗，被沙門所惑。兒子們說：『我們所讀的書，從沒有這些道理，不知父親從哪裡聽來。』某天，兒子們忽然都得了重病，父親見兒子們時日無多，便對兒子們說：『你們心存邪見，不信正法，今日無常就像刀子割切你們的身體，你們心中一定很煩悶苦惱。還有什麼可以依靠呢？有一個名叫毗婆尸的佛，你們可以口念他的名號，或許對你們有幫助。』兒子們聽了，同聲稱念『南無佛』。也因此他們死後，都轉生天上。因為他們誠心稱念佛號，因而同生此處。你們也是心存邪見，沒有機緣聞法。如果你們能聽信佛語，懺悔罪過，心就能茅塞頓開，見佛聞法。」

釋迦族的子弟聽了，就對淨飯王說：「我們都想出家修學佛法。」

淨飯王說：「那你們就向佛請求吧。」於是五百釋迦子弟一起向佛請求出家。佛說：「善來比丘！」就度化他們成了沙門。

◀ 釋迦族子弟問：「為何見佛身如黑炭？前世何罪？」佛說：「宿世長者有五百子，心存邪見，不信正法，因臨終念佛而升天。」釋迦子弟於是請求出家。

度諸釋種

度諸釋種

觀佛三昧經[1]云。爾時五百釋子。白佛言。我等恒見佛身。猶如炭人。我等宿世。有何罪咎。惟願佛日。為我解脫。佛告諸釋子。過去有佛。名毗婆尸如來。有長者。名日月德。有五百子。聰明多智。廣知世間一切文藝。星宿曆數。無不貫練。其父長子。信敬佛法。常為諸子。說觀佛心。亦說十二因緣。諸子聞已。疑惑不信。言父老耄。為諸沙門之所誑惑。我諸書籍。都無是義。父今何處。求覓得此。時諸子忽遇重病。父觀諸子。命不支久。謂言。汝等邪見。不信正法。今無常刀。割切汝身。汝心煩悶。為何所怙。有佛名毗婆尸。汝可稱之。諸子稱南無佛。諸子命終。得生天上。因稱佛名[2]。同生此處。因汝邪見。不得聞法。汝今隨順佛語。懺悔諸罪。心眼得開。見佛聞法。白父王言。我等今日。欲於佛法。出家學道。父王告言。汝自白佛。俱白佛言。我等俱欲出家。佛言。善來比丘。即成沙門。

原典註釋

①**觀佛三昧經**：東晉佛陀跋陀羅譯。略稱《觀佛三昧海經》、《觀佛經》。乃佛陀於迦毗羅城之尼拘樓陀林，為淨飯王與姨母開示，教以觀佛三昧法門。本經旨趣，如經所云：「當何名此經？此法之要當云何持？佛告阿難：此經名繫想不動，如是受持。亦名觀佛白毫相，如是受持。亦名逆順觀如來身分，亦名一一毛孔分別如來身分，亦名觀三十二相八十隨形好諸智慧光明，亦名觀佛三昧海，亦名念佛三昧門，亦名諸佛妙華莊嚴色身，亦名說戒定慧解脫解脫知見，十力四無所畏十八不共法果報所得微妙色身經，汝好受持慎勿忘失。」

②**稱佛名**：即念佛，法門為一心憶念佛、銘記不忘，以達正念現前。最初在《阿含》類經，已列為六念之一，也就是念佛、法、僧、施、戒、天，或十念之一（增加定方便、安般、身、死四種念），《增一阿含經》卷二：「若有比丘正身正意，結跏趺坐，繫念在前，無有他想，專精念佛。觀如來形，未曾離目；已不離目，便念如來功德：如來體者，金剛所成，十力具足，四無所畏，在眾勇健……周旋往來生死之際，有解脫者，無解脫者，皆具知之。是謂修行念佛。」又說，若人一心念佛而取命終，則離三惡道，得生天，《長阿含經》卷五：「我昔為人王，為世尊弟子，以篤信心為優婆塞，一心念佛，然後命終，為毗沙門天王作子，得須陀洹，不墮惡趣。」這是以其世界的教化佛為憶念對象，之後，憶念對象更擴及他方世界諸佛，如《般舟三昧經》提倡念他方世界現在諸佛，如西方世界阿彌陀佛等。

降伏毒龍

佛遊化來到那乾訶羅國，國中的山洞穴，住有五羅剎。這五羅剎常變化成龍女，與毒龍串通，毒龍降雹，羅剎行亂，所以國中人民常遭受飢餓疾疫災難，已歷經四年。

國王非常驚怖，召集咒師作法對付，但毒龍、羅剎妖氣熾盛，使咒術都失靈。國王聽說佛已到國中，便親自前往佛所，請佛降伏，佛接受請求，命舍利弗、目犍連率五百弟子，化百千龍，皤身為座，龍口吐火，化成金臺七寶床座。

這時世尊頂放金光，光中現無數化佛，充滿虛空。毒龍見世尊來此，亦率領十六龍及徒眾，與大雷雨，降雨雹，震雷擊電，眼口吐火，五羅剎女現醜惡猙獰狀，眼如掣電，立於佛前。

龍子見虛空中無數諸佛，對龍王說：「父王吐火，要害一佛，已不容易，試看虛空中，更有無數諸佛。快罷手吧！」

此時，金剛神舉起金剛大杵，杵頭出火，燒惡龍身。龍王驚怖，避入佛影中，頓時遍體清涼，如灑甘露。龍王大歡喜，向佛作禮懺悔，五羅剎女也隨之禮拜如來。這時佛就如慈母撫子，使龍王、羅剎女與十六龍子五體投地，求受佛戒，佛便為他們說三皈、五戒之法。

◀五羅剎與毒龍行亂，國中飢荒疾疫，國王請佛降伏，世尊頂放金光，光中化佛，龍王驚怖，避入佛影，頓時清涼，便向佛作禮懺悔，於是全部皈依受戒。

降伏毒龍

降伏毒龍❶

觀佛三昧經云。如來到那乾訶羅國。羅剎穴中。有五羅剎。化作龍女。與毒龍通。龍復降雹。羅剎亂行。饑饉疾疫。已曆四年。時王驚怖。召諸咒師。令咒毒龍。羅剎氣盛。咒術不行。時王即詣佛所。請佛降之。佛受請已。敕舍利弗。目犍連。徒眾五百。化百千龍。蟠身為座。龍口吐火。化成金臺。七寶床座。爾時世尊頂放金光。無數化佛。滿虛空中。爾時龍王。見世尊來。父子徒眾。十六大龍。興大雲雷。震吼雨雹。眼口吐火。五羅剎女。現醜惡形。眼如掣電。住立佛前。時龍王子。見虛空佛。白父言。父王吐火。欲害一佛。試看空中。有無數佛。時金剛神。手把大杵。杵頭出火。燒惡龍身。龍王驚怖。走入佛影。佛影清涼。如甘露灑。龍大歡喜。為佛作禮。五羅剎女。亦禮如來。爾時如來。猶如慈母撫子。爾時龍王。及五羅剎女。并十六龍子。五體投地。求受佛戒。佛為說三歸五戒之法。

原典註釋

①**降伏毒龍**：據《釋迦譜》，佛陀在降伏毒龍之後，龍王希望佛陀能常在身邊，引導他修道，而不起惡念，但大梵天王也下來勸請佛陀，要利益一切眾生，不要為龍王住於此地。佛即微笑，口出光明，無量化佛及菩薩等皆現佛旁側。龍王取出七寶莊嚴臺座供養世尊，佛告訴龍王：「不需七寶臺座，只要把羅剎石窟布施即可。」諸天人各脫下寶衣為佛陀打掃石窟，佛陀安然步入石窟。龍王和羅剎女們，也為佛陀弟子各造五個石窟。之後，佛陀將回國，龍王不捨，合掌恭敬勸請佛留下，佛陀說：「好！答應你的請求，我會坐在此石窟中一千五百年。」便返回石窟結跏趺坐，現十八種神通變化，佛躍入於石中，石窟頓時放光，如明鏡一般，佛的光影從石窟內映現，從遠處就能清楚見到佛影。佛影宣說著佛法，天人們現身供養佛影。據《佛說觀佛三昧海經》卷七：「云何名如來到那乾訶羅國、古仙山薝蔔華林毒龍池側、青蓮華泉北羅剎穴中、阿那斯山巖？」佛陀為什麼會到此石窟的因緣（即降伏毒龍與五羅剎之後，龍王勸佛留於此石窟），據《釋迦譜》載，此石窟高一丈八尺，深約二十四步，石頭清澈呈白色。又據《佛教史地考論》，法顯、宋雲、玄奘所見的佛影洞，都在那竭或那揭羅曷（Nagarahāra），因《西域記》載，此佛影洞在城西南二十餘里，所以應在今闍羅羅城附近。可見，此處地理位置曾被考察過。

化諸婬女

舍衛城中，有許多淫女，專門以媚態誘惑男子，同過一夜需付金錢二百。國中如闍達長者，有百億財富，有三個兒子，長子名華德。這兄弟三人，終日遊蕩無度，經常前往淫舍，才一個月，長者辛苦經營積蓄下來的錢財，竟被他們揮霍殆盡。

某日，長者打開庫藏，發現金錢已空，便問守庫者，守庫者說：「這是你兒子華德三兄弟，日日取錢，往妓院嫖妓。」長者聽了，恨之入骨，立刻上奏國王：「我國中有淫女，誘騙我的兒子，使我破盡家財，請王下令誅殺這些淫女，為國除患。」國王說：「你甚為巨富，財產都破盡了，況其他人家豈不更慘，這些淫婦實在可惡！但我已受佛戒，尚不傷害螞蟻，又何況殺人！今佛在世，化度眾生，我同你一起去見佛，說明此事，請佛度化淫女。」

佛聽聞此事，便對國王說：「請你命令劊子手把那些淫女集合在廣場。」國王命人擊鼓，傳令國內人民都到廣場集合。這時，一千二百五十比丘，各自入定，顯神通。佛陀並為這些淫女說不淨觀法❶，及苦、空、無常等法。這些淫女聞法後，皆發信心，改過遷善，並受三皈五戒。

◀百億財富長者有三個兒子，為淫女所惑，錢財揮霍殆盡，長者上奏國王，國王請佛度化淫女，佛為淫女說不淨觀及無常法。淫女改過遷善，受三皈五戒。

化諸婬女

化諸婬女

觀佛三昧經云。舍衛城中。多有淫女。媚誘男子。經一宿者。輸金錢二百。國有長者。名如闍達。積財百億。有子曰華德。兄弟三人。遊蕩無度。競奔淫舍。始初一往。各輸金錢。經一月終。一藏金盡。長者案行。見藏已空。問守藏者。典藏白言。華德三人。日日持錢。往淫女舍。長者即詣王前。白言大王。有諸淫女。誘我諸子。破盡家財。王語長者。汝甚大富。金藏猶盡。況餘凡下。寧不困耶。長者白王。惟願大王。速誅惡人。王告長者。吾受佛戒。猶不傷蟻。況復殺人。如來在世。一切皆化。同往佛所。啟白此事。願佛化之。佛告大王。可遣旃陀羅。喚諸淫女。集議論場。王擊金鼓。宣令敕國內臣民。俱集論場。佛敕千二百五十比丘。各隨定意。現大神通。大迦葉。舍利弗。目犍連。迦旃延。憍陳如等。各作十八變神通。踴身虛空。飛行化現。淫女見已。皆發信心。受三歸依。及五戒法。

原典註釋

①**不淨觀**：指觀察自己和他人色身的不淨，對治貪欲障的修持方法。又作不淨想。觀察人的屍體隨時間而變化而腐爛壞死，佛陀最初教導比丘作「不淨觀」，比丘因修持「不淨觀」而厭世，欲自盡而亡，佛陀乃教導「出入息」，及觀呼吸。

在南傳系禪法中「不淨觀」為四念處之「身念處」法門，主要觀身中三十六物不淨充滿，《中阿含經》卷二十：「復次，比丘修習念身，比丘者此身隨住，隨其好惡，從頭至足，觀見種種不淨充滿，謂此身中有髮、毛、爪、齒、麁細薄膚、皮、肉、筋、骨、心、腎、肝、肺、大腸、小腸、脾、胃、摶糞、腦及腦根、淚、汗、涕、唾、膿、血、肪、髓、涎、膽、小便……如是比丘隨其身行，便知上如真。彼若如是在遠離獨住，心無放逸，修行精勤，斷心諸患而得定心，得定心已，則知上如真。是謂比丘修習念身。」《清淨道論》則整理不淨業處，死屍之不淨十相，即：膨脹相、青瘀相、膿爛相、斷壞相、食殘相、散亂相、斬斫離散相、血塗相、蟲聚相、骸骨相。在漢傳系經典，如《坐禪三昧經》、《禪法要解》、《大毗婆沙論》、《俱舍論》、《大乘義章》等，皆有詳述此法門。此法門主要從五蘊的色法，作不淨觀修，除貪愛，又觀色身之老病死等，而入於無常觀。

阿難索乳

維耶離國有一位梵志名摩耶利，非常富有，不信佛法，修學外道。由於他家中養了許多乳牛，某天，佛派阿難到摩耶利家求取一些牛乳。摩耶利想：我如果不給，別人一定會說我吝嗇。於是故意指給阿難一頭凶悍的母牛，讓阿難自己去擠，本意是想讓那惡牛牴殺阿難，同時也折辱其道。

他讓兒子帶阿難去牛棚，並偷偷囑咐兒子：「你不要替他取奶，試看看阿難能不能自己取得牛乳。」阿難來到牛旁，自言自語：「我師父曾經告誡我，不能親手自取牛乳。該怎麼辦呢？」

這時，忉利天帝從天上下來，化作一個少年梵志，來到牛旁。阿難看到他，很歡喜說：「年少梵志！能幫忙我取牛奶嗎？」少梵志回答：「其實我是天帝，得知佛想要得牛奶，所以特地下來修福。」於是他就拿著缽到牛的前面要擠牛奶，這頭本來非常凶暴的母牛，竟然很安靜，不敢亂動，靜靜地讓少年梵志隨意取乳。阿難接過牛乳，歡喜而歸。

摩耶利十分驚訝，心想：「此牛平極其凶悍，任何人誰也不敢靠近，為什麼今天突然間變得溫順呢？瞿曇弟子都能如此，又何況佛之威神力！」摩耶利心生歡喜，從此開始信解佛法。阿難把牛乳奉於佛，佛受之，並告知阿難說：「此牛因過去世不信佛法，墮落牛身已經十六劫了。現在一聽佛名，牠便讓人隨意擠奶，奉送於佛。因這個因緣，牠應該得到解脫，待牠命終後，不會再墮入三惡道，最後成佛，號為乳光如來。」

◀主人指一惡牛，請阿難自取，企圖使其被惡牛牴殺，天帝化少年相助，阿難得以取乳奉佛，佛說：「此牛命終不墮入惡道，最終成佛，號乳光如來。」

阿難索乳

阿難索乳

乳光佛經[1]云。維耶離國。有梵志名摩耶利。其家豪富。不信佛法。但修異道。佛遣阿難。至摩耶利家。求索牛乳。梵志思惟。我若不與。謂我慳惜。即當指授。與弊惡㹀牛。令阿難自取。使牛觝殺阿難。折辱其道。摩耶利使皃引至牛所。誡言慎莫為取。試看阿難能得乳否。阿難即到牛旁。思自念言。我師誡敕。不得手自取牛乳。時忉利天帝。下來化作年少梵志。住在牛旁。阿難謂梵志言。請為我取牛乳。梵志即持應器。至牛所。牛靜住不敢復動。隨意而取。阿難取乳。歡喜而去。梵志言。此牛極惡。人不得近。今日何故柔善乃爾。瞿曇弟子尚能如此。何況佛之威神。梵志歡喜。信解佛法。阿難持乳上佛。佛即受之。告阿難言。此牛前世不信佛法。隨此牛中。經十六劫。今聞佛名。隨人取乳。奉上於佛。用此因緣。當得解脫。卻後命盡。終不墮三惡道。最後作佛。號乳光如來。

原典註釋

①**乳光佛經**：又稱《乳光經》。西晉竺法護譯。敘述佛陀因風疾，令阿難至梵志摩耶利處乞取牛乳，梵志以暴烈之母牛欲害之，帝釋天化作童子助取乳。佛陀乃為說母牛之過去世因緣。

此故事還出現在《佛說犢子經》，部分內容在《維摩經》也有出現。據《乳光佛經》原故事內容，天帝對母牛說：「佛受一點風寒，請你讓我取點牛奶，如果能夠令佛病好的話，你會得到無量的福德。」母牛就對天帝說：「請你擠我前面兩乳的牛奶，留著後面兩乳牛奶給我的小牛。因為這小牛從早上以來都還沒有食用。」小牛聽了，就對母牛說：「我從無始劫以來，都沒有聽過佛的名號，現在好不容易聽到了，我也想供養。我就是過去世非常的慳貪，又遇惡友，不信佛的教誨和戒法，結果讓我墮入牛馬，經過十六劫，現在遇到佛，請母親把留給我的牛奶，都讓阿難拿去供養佛吧！」天帝就擠了牛奶，讓阿難帶回去給佛陀。佛就說起過去因緣：「這一對牛母子，過去世曾經是大富長者，因為慳貪，不信佛經、戒律，放高利貸。又抵賴別人沒有還完，結果墮入畜生道十六劫。現在聽我的名號，起歡喜心，這個畜生業報也會中止。牠起慈悲心，用牛奶來供養佛，將來會得解脫。」佛又微笑說：「母牛和小牛命終後，會生在兜率天、梵天，及人間，作富豪人家的子弟，不再生三惡道了。而之後他會有宿命通，常供養佛，這母牛之後會遇到彌勒佛，在彌勒佛座下出家，精進修行證得阿羅漢。這小牛經過二十劫之後，會作佛，他的名號叫做乳光如來，度化眾生無數。」（據《乳光佛經》，佛是為小牛受記成佛，與前文略有不同）。

調伏醉象

調達（即提婆達多）與阿闍世王共同商議毀佛，下令國中人民，不准信佛。那時，佛與五百羅漢住在耆奢崛山中。調達對阿闍世王說：「時機到了，佛其他弟子分散各地，現在只有五百弟子隨佛左右。明日大王可以假裝請佛入城，我們預先準備五百大象，酒飲使醉。等待佛及弟子入城時，放出這些醉象，把佛及弟子踩死。到那時，我就可以取代佛地位，由我來教化世間。」

阿闍世王在調達的教唆下，便前往請佛。這時，佛早已知他們的陰謀，便隨口答應。阿闍世王回宮後，立刻通知調達做好準備。隔天，佛與五百羅漢入城，只見五百醉象狂吼而來，撞倒民房，房屋牆壁也都遭破壞，人民倉皇逃離。五百羅漢飛上虛空，只有阿難在佛身邊，那群失控的醉象轉頭，向佛迎來。佛舉開五指，化五雄獅，吼聲震天，並以慈心感化，醉象全部伏於地面，低頭垂淚悔過。王及臣民，皆驚肅不已。

世尊徐徐而行，來到宮殿上，接受阿闍世王供養，佛與羅漢們飲食後咒願。國王阿闍世向佛懺悔：「弟子糊塗昏昧，聽信了調達的慫恿，造作罪惡。願佛慈悲，寬恕我的愚昧無知！」佛便對阿闍世王及大臣們說：「世間有八事，所謂：利、衰、毀、譽、稱、譏、苦、樂。此八事，最容易被誹謗的便是名譽，因為會導致造作罪業，古今少有人不受迷惑。」

◀ 調達與阿闍世王計畫毀佛，王請佛入城，以五百酒飲醉象，企圖傷害祂，佛以指化五雄獅，降伏醉象，王知錯，向佛懺悔，佛為其勸說世間八法。

調伏醉象

調伏醉象

法句經[1]云。調達與阿闍世王。共議毀佛。王敕國人。不得奉佛。佛與五百羅漢住崛山中。調達至王所白言。佛諸弟子。今已迸散。尚有五百弟子在佛左右。願王明日。請佛入城。可飲五百大象使醉。令蹋殺之。吾當作佛教化世間。王聞歡喜。即往請佛。佛知其謀。答言。大善。王退而回。還報調達。明日食時。佛與羅漢共入城門。醉象皆叫而前。搪揬牆壁屋宇。悉皆破壞。一城戰慄。五百羅漢。飛在虛空。獨有阿難在邊。醉象齊頭。逕來趣佛。佛舉五指。化五獅子[2]。同聲俱吼。震動天地。醉象伏地。不敢舉頭。象解垂淚悔過。王及臣民。莫不驚肅。世尊徐行。至王殿上。與諸羅漢。食訖咒願。王白佛言。稟性不明。信彼讒言。興造逆惡。願垂大慈。恕我迷愚。佛告阿闍世王，及諸大眾。世有八事。興長誹謗。皆由名譽。以致大眾。何等為八。利。衰。毀。譽。稱。譏。苦。樂。自古至今。尠不為惑。

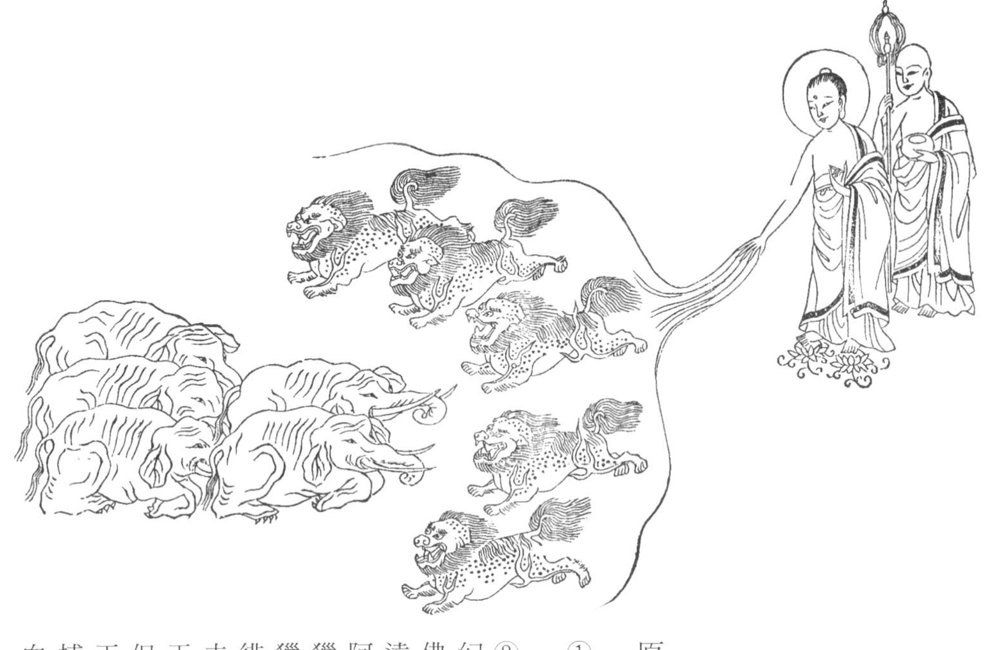

原典註釋

①**法句經**：此處的《法句經》，取自北傳《法句譬喻經》，西晉法炬、法立共譯。

②**化五獅子**：提婆達多與阿闍世王密謀以五百頭醉象害佛，佛陀以慈悲力從五指幻化出獅子吼化解。據《大方便佛報恩經》卷四，阿闍世王得知此事，前往迎接佛，並向佛陀至誠懺悔惡行，非其本意，而是被提婆達多教唆。佛陀說：「提婆達多想加害於我，過去累世亦是如此。」

阿闍世王追問過去因緣，佛陀說：「久遠劫前，有一位國王好吃雁肉，請了一位獵師替他捕雁。一日，五百隻雁群從北方飛來，途中，雁王誤入獵師所設網中。獵師準備要殺掉雁王獻於國王。此時，有一隻雁子哀鳴吐血，凝視雁王，於空中徘徊。獵師張弓射牠時，不但沒有閃避，反而飛向雁王邊，其他的雁子也徘徊不去。獵師見此，心想：鳥獸之輩，尚能如此，何況身為人的我，為什麼要加害雁王呢？於是獵師將雁王放出。回到王宮後，告國王：『今日我雖捕獲一隻雁王，但見另一隻雁悲極吐血，即使我張弓而射，也無所畏懼，我於是放了此雁。』國王聽了深受感動，心想：鳥獸都有護生之德，何況我為一國之君。自此國王不再捕獵。當時的國王，就是大王您的前身；當時的獵師，就是提婆達多；悲鳴而吐血的雁子，就是阿難；五百雁群是現在的五百羅漢；而我就是當時的雁王。」

張弓害佛

佛在王舍城時，提婆達多心懷邪惡，計謀陷害世尊。暗地收買了五百名擅長射箭的婆羅門，帶著硬弓利箭，隱藏在樹林，等佛經過，跟蹤至佛住處，一起開弓射佛。

哪知他們射出的箭一落到佛身上就變成拘物頭花、分陀利花、波頭摩花、優鉢羅花等種種香花，五百婆羅門看這種神變，都非常恐慌，他們放下了弓箭，禮佛懺悔，胡跪合掌。佛便為他們說法，這些婆羅門心開意解，得須陀洹道。於是向佛請求出家。佛說允許，五百婆羅門剃除鬚髮，法服著身，即成沙門。佛又為他們說法，他們全部證得了阿羅漢道。

比丘們問佛說：「世尊！提婆達多屢次想要謀害您，而您總是以慈悲憐憫。」佛說：「提婆達多想要害我，並不是這一世的事。早在宿世，有一商主，名不識恩，率領商人們入海採寶返回，船經過漩渦的地方，被水中羅剎所擋，不能前進。危急時，一隻大龜，心生慈悲，游到船邊，把船上的人皆載至岸上。大龜過於勞累，也上岸小睡歇息。但不識恩卻在這時持刀要殺害大龜，商人們都勸說：『這大龜於我們有救命之恩，殺之不祥。』不識恩說：『我肚子餓極了，還管得了什麼救命之恩！』便把大龜烹殺而食。那時的不識恩者，就是今日的提婆達多，而那大龜，就是我的過去身。」

◀ 提婆達多收買五百位射箭手，隱藏樹林，等待開弓射佛。但箭落佛身就變成種種香花，五百射手向佛懺悔，佛便為其說法，於是向佛請求出家。

張弓害佛

張弓害佛

雜寶藏經云。佛在王舍城。提婆達多心常懷惡。欲害世尊。乃雇五百善射婆羅門。使持硬弓利箭。藏隱樹林。候世尊過。詣世尊所。援弓射佛。所射之箭。化成拘物頭花。分陀利花。波頭摩花。優鉢羅花。五百婆羅門。見是神變。皆大怖畏。即捨弓箭。禮佛懺悔。胡跪合掌。佛為說法。心開意解。皆得須陀洹道。復白佛言。願聽我等出家。佛言善來比丘。剃除鬚髮。法服著身。即成沙門。重為說法。得阿羅漢道。諸比丘白佛言。世尊。提婆達多。常欲害佛。然佛恒生大慈。佛言。非但今日[1]。昔有商主。名不識恩。入海採寶而還。到迴流處。遇水羅刹而捉其船。不能得前。有一大龜。心生慈愍。來向船所。負載船人。即得至岸。時龜上岸。歇息略睡。不識恩者。持刀欲殺。諸商人言。我等蒙龜濟難活命。殺之不祥。不識恩曰。我腹饑急。不問爾恩。即殺龜而食。不識恩者。提婆達多是。龜者我身是也。

原典註釋

①**佛言，非但今日**：根據《雜寶藏經》卷三〈共命鳥緣〉，佛在王舍城，諸比丘問佛：「世尊！提婆達多，是如來弟，為何常怨恨而加害於佛呢？」佛陀說了過去世共命鳥的因緣。在雪山住著很特別的鳥，牠的身體長著兩個頭，其中一個頭經常能吃到甘美果實；另一個頭卻從來沒有嚐過美味果實，都吃到壞爛的果實。某個微風徐徐的午後，共命鳥飛向樹林覓食。當牠停下來要享用果實時，其中一個鳥頭，因為沒有嚐過美味果實，而生起嫉妒心，喃喃自語著：「真是不公平，為什麼我總是吃不到美好的果實！既然如此，我今天就吃個有毒的果實，以後你也不必吃了！」

另一個鳥頭聽了，安慰另外一個鳥頭：「雖然我吃到好的果實，但最終我們都是一體的，你同樣能得到好的營養和體力啊！」但另一個充滿忌妒的頭，還是想不開的吃下了那顆有毒的果實，結果雙頭鳥因此同歸於盡。

那時，食甘甜果實的，是釋迦牟尼佛，而食毒果實的，就提婆達多。那時共有一身，都能生惡心，今亦復如是。

佛化盧志

在首波羅城有一位盧志長者，信奉尼犍外道。佛想化度盧志，於是便來到了此城。尼犍外道聽說佛要來此，心想：瞿曇沙門如果來這裡，人民一定捨棄我而去皈依瞿曇，將來還有誰會供奉我呢？於是前往盧志家，說：「沙門瞿曇將來此，你可知？這位沙門捨棄父母，東奔西走，所到之處，土地五穀不豐，人民饑饉，餓死的人很多。」

盧志信以為真，十分恐慌，問尼犍說：「我們該採取什麼計策對付他呢？」尼犍說：「瞿曇喜好叢林清水，應該把城外所有的叢林全部砍伐，用臭穢爛土泥填滿池井，並派人手持兵器，嚴守城門，他如果來時，阻擋他，不讓他入城。我施用種種法術，令他返回。」全城百姓都依此行事，一切就緒。

當佛來到了首波羅城外，見城外樹木無故被砍伐破壞，佛心生憐憫，以慈心向大自然祝福，於是所有樹林開始發芽，慢慢地恢復原來的生機，污染物被雨水沖走了，河池、井泉的水也都清澈純淨；地上也開滿了花草，整個生氣蓬勃，周圍的城牆變成透明之琉璃，百姓看得清清楚楚。城門自動開啟，佛及其弟子從容進城，守城的兵士舉起的器杖化成雜花，沒人能阻擋得了。盧志長者與城中百姓看到這種情形，心中黑白自明，大眾一同到佛前，合掌迎接。佛為他們廣說法要，使他們都發菩提之心，接受戒度。

◀尼犍外道百般阻撓佛入城，派人持兵器嚴守。佛至城外，慈心所向，林木綠意，百花盛開，牆如琉璃，兵器變成花，盧志長者與城中百姓便都皈依佛。

佛化盧志

經律異相[1]云。首波羅城。有長者名盧志[2]。奉事尼犍。我欲度之。至彼城邑。尼犍聞我欲至彼城。念言。瞿曇若至此者。此諸人民。便當捨我。不復供給。告盧志言。沙門瞿曇。今欲來此。然彼沙門。委棄父母。東西馳走。所至之處。能令土地五穀不登。人民饑饉。死亡者眾。盧至聞已。即懷怖畏。白言大師。當欲何計。尼犍答言。瞿曇性好叢林清水。城外設有。宜應斬伐。流泉池井。填以臭穢。各嚴器仗。預當防護。彼設來者。莫令得前。我作種種術。令彼回還。彼諸人民。敬奉而行。我於是時。至彼城邑。尋生憐愍。慈心向之。所有樹木。還生如本。河池井泉。其水清淨。盈滿其中。生眾雜花。彌覆其上。變其城恒。為紺琉璃。城內人民。悉得徹見。門自開闢。我及大眾無能制者。所嚴器仗變成雜花。盧志長者與其人民。俱共相隨。來至我所。我即為說法要。皆發菩提之心。咸受戒法。

原典註釋

①**經律異相**：五十卷，梁寶唱等撰集。此書將散見於經、律中希有異相集錄而成，屬於百科書之類，書中將故事內容分二十一類，選取菁萃集錄，以便於索覽。後來成書的《諸經要集》、《法苑珠林》等，皆取法於此書。

②**盧志**：又作盧至長者。根據《盧至長者經》記載，盧至長者是有錢又吝嗇的人，某節日，他拿了幾文錢買了點酒食，自己跑到墳場裡吃喝。醉了以後大聲唱歌：「慶祝佳節，開懷暢飲，歡樂勝過沙門，比那帝釋快樂。」帝釋聽到了他的歌，大笑著，想整他一下，於是帝釋變成盧至的樣子，到了他家，對大家說：「我以前苛待你們，都是因為有個慳吝鬼跟著我的緣故。今天脫離了這個鬼。今天隨便你們想要什麼，隨自己高興拿。」接著，又對大家說：「這個吝嗇鬼長得很像我，等會兒他一定還會來，你們一定要把他趕出去。」

過不多久，盧至酒醒回家來，就被驅趕出去，妻子兒女也拿棍棒驅趕他。盧至沒想到事情會變成這樣，他有口難言，於是想要向國王，申訴冤屈。守衛不讓他進去，盧至大叫：「我要進貢！」國王叫他到面前來。盧至正想獻上絹布時，帝釋又把這匹絹布化成一束草。盧至非常慚愧。國王笑著說：「我不需要絹布，你有冤枉的話，可以說說看。」於是國王命令兩個盧至和他的妻子兒女一起來訊問。兩人的聲音相貌沒有不相同，辨別很久也分不出來。於是國王請佛陀來分辨。他們一同到精舍，佛於是呼喊帝釋馬上回復天帝的形貌。國王看見帝釋便下拜，便命令真盧至回去。盧至不肯回家，因為家裡的財物都散失了。帝釋說：「如果你肯布施，庫藏就完好無損。」佛說：「你回去吧，帝釋並沒有騙你。」盧至回到家，發現庫藏並沒有減少，從此之後他也布施不再吝嗇。

貧公見佛

舍衛國有位貧窮老人，年齡已有二百歲。他拄著枴杖來到佛所求見，守衛不讓他進入，老人大喊：「我雖然貧賤，然而千載有幸，能得佛陀在世，世尊仁慈之心普照天下，萬物都能蒙祂的恩澤，所以我不辭勞苦而來，一定要見祂一面，向祂請教一下禍福因緣，求脫離苦海。願您讓我見上一面吧。」

佛就對阿難說：「你讓那位老人進來吧。」於是這老人趴在地上，爬到佛面前，對佛說：「我的身世不幸，一生貧苦，饑寒交迫，求死不得，活着沒有什麼可以依賴。生命是寶貴的，我不能自暴自棄，聽說佛在世間，非常高興，日夜盼望能見佛一面。剛在門外，不讓我進來，原本想回去了，力氣又不足，進退無路，怕自己死在這裡，玷污了佛聖門，加重我的罪過。世尊大慈大悲，憐憫我，讓我進來，滿足了心願。現在，就算是死了，也沒有遺憾。但希望世尊為我指點迷津，減少我先前罪業，來世能好好修行。」

佛於是為老人開示：「人之受生，各有因緣。因為所造的業因差別，所以所受的果報也不同。你前世時，生於富豪家，聰明智慧。可惜沒有運用你的智慧財富造福眾生，卻恣意輕凌他於人，又不肯布施。所以你今生才會受貧窮果報。罪福報應，如影隨形，誰也躲避不了。」

老人聽開示，自知前世罪業，於是再次向佛請求：「我願以風燭殘年，出家修行！」佛便同意，老人剃除鬚髮，著法衣，而作沙門。

◀一位貧窮老人求見佛陀，守衛阻擋，老人呼喊，佛陀便讓他進入精舍，並為他說明前世今生的因緣果報，老人自知前世罪業，於是向佛請求出家。

貧公見佛

貧公見佛

貧窮老公經❶云。舍衛國有貧窮老公。年二百歲。扶杖而來。求欲見佛。釋梵侍門。敕不通之。老公大喚曰。吾雖貧賤。千載有幸。今得值佛。欲問罪福。求離眾苦。我聞世尊。仁慈普逮。萬物蒙賴。莫不受恩。是以遠來。乞一示見。佛語阿難。可喚使前。於是老公匍匐寸進。而白佛言。我生世不幸。貧窮辛苦。饑餓寒凍。求死不得。活無所賴。人命至重。不能自棄。聞佛在世。心獨歡喜。晝夜發心。願一奉顏。向在門外。久不得前。計欲還去。氣力不堪。進退無路。但恐命絕。穢汙聖門。重增其罪。不悟世尊。已哀矜之。得蒙前進。不奪本願。如此而死。無復恨矣。惟願速終。畢罪後世。願得垂恩。施其上慧。佛言。人之受生。生死因緣。以多因緣。致有罪根。卿前世時。生豪富家。聰明智慧。用此恣意輕陵於人。聚積財物。不肯布施。故卿今日。受此貧窮。罪福報應。亦如影響。老公白佛。乞以垂殘之命。得作沙門。佛言善哉。應時老公鬚髮墮地。法衣在身。

原典註釋

①**貧窮老公經**：即《佛說貧窮老公經》，劉宋慧簡譯。據此經內容，佛陀的確為老人開示了他過去世因緣果報：「過去生，你是大國的太子，但你目中無人，恣意妄為，雖擁有巨大財產，卻不知皆是民脂民膏，只知道課稅聚積財富，不知布施助人，讓百姓生活在貧窮。某日，一位貧寒沙門，從遙遠國度拜訪你，不過請您布施一件法衣，而你態度很差，不但不供養，連食物及水都不給，讓他七天七夜都空坐等待。沙門身體虛弱只剩下一口氣，隨時有生命危機，你還當樂趣，聚集大家一起來看。

「那時有位侍臣勸諫說：『太子，沙門所以向您化緣，也是為了讓您培福。如果您不布施供養，讓他離開就好，何必如此對待他呢？』太子卻說：『我只是困住他，又沒有害他。算了，把他放了。』於是把他驅出國境。沙門還沒出國界，在邊界碰到了餓賊，想殺他來吃。沙門說：『我已經瘦弱得皮包骨，肉不好吃，殺了我是白費力氣。』餓賊餓了好多天，沙門雖然瘦小，但還有肉，所以不放他走，就這樣僵持著。

「太子聽到這消息，說：『我沒有供養他衣物飲食，怎麼還讓餓賊殺了他呢？』於是立刻營救。太子來臨後，餓賊都叩頭，並且伏首。當時的沙門就是彌勒菩薩前身；驕傲專橫的太子就是你的前身。你這一生貧窮果報，是因為前世慳貪；之所以長壽，是因為救活沙門的福報。福業惡報，並不能互抵。』」

貧窮老了知過去世因緣，發願出家作沙門，生生世世常隨佛側。

老人出家

王舍城有一尸利苾提長者，年已百歲，他聽說出家功德無量，心想：我何不在有生之年，皈依佛，出家修道。

於是他來到了竹園精舍，問比丘說：「世尊在不在這裡？」比丘說：「不在！」長者又問：「那請問，哪一位是佛陀的大弟子呢？」比丘指著舍利弗說：「就是這位。」長者來到舍利弗面前，合掌作禮說：「請准許我出家。」舍利弗見他已經年老，出家人應行的三事：學問、坐禪、營辦眾事，這些老人恐怕都做不了，便對長者說：「你回去吧！你年紀這麼大了，已不適合出家。」長者不甘心，又問了大迦葉、優波離、阿莬樓陀等五百大阿羅漢，他們都說他已年老不適合出家。

長者退出竹園，立於門外，悲泣懊惱，於是大聲哭了起來。世尊忽然出現在他面前，放大光明，相貌莊嚴，慈祥地問老人說：「你為何哭得這麼傷心呢？」長者聽到佛的聲音，立刻轉悲為喜，如同兒子見到父親一般，五體投地，哭著說：「我究竟犯了什麼罪業，為何就不允許我出家？」佛問長者：「是誰說你年老不能出家？」長者說：「是舍利弗他們說的。」這時世尊以大慈悲安慰老人：「你不用憂愁苦惱，我答應讓你出家，你隨我來。」長者便隨佛後，入精舍。

佛對大目犍連說：「這位長者發心出家，就成全他吧！」後來這位老者如願出家，也證得了阿羅漢果。

◀百歲老人想出家，舍利弗想老人已做不了學問、坐禪、眾事，便回絕他，其餘比丘也拒之於門外，老人痛哭，佛忽現於前，度其出家，老者亦證道果。

老人出家

老人出家❶

賢愚因緣經云。王舍城有長者名尸利苾提。其年百歲。聞說出家功德無量。便自思惟。我今何不於佛法中。出家修道。往到竹園。問諸比丘。佛世尊今何所在。答言不在。又問大師上足是誰。比丘指舍利弗。詣前白言。聽我出家。舍利弗視此老人三事皆缺。不能學問坐禪。助營眾事。告言汝去。汝老不得出家。次向大迦葉。優波離。阿菟樓陀。五百大阿羅漢等。皆言年老。不得出家。還出竹園。住立門外。悲泣懊惱。舉聲大哭。世尊即至其前。放大光明。相好端嚴。佛問老人。汝何故哭。長者聞佛梵音。心懷喜躍。如子見父。五體投地。泣白佛言。我獨何罪。不聽出家。佛言。誰作是說。年老不聽出家。答言舍利弗等。爾時世尊。以大慈悲。慰諭長者。汝莫愁憂苦惱。惟我能令汝得出家。非舍利弗。汝來隨我。便隨佛後。入佛精舍。告大目連。令與出家。後亦得證阿羅漢果。

原典註釋

①**老人出家**：這故事出自《賢愚經》〈出家功德尸利苾提品〉、及《菩薩本生鬘論》〈出家功德緣起〉，故事後半，老者出家後因為常被嫌棄，一度想投河輕生，被目連尊者所救，目連尊者還因此為老者開示了過去世因緣：「過去世有位法增長者，篤信三寶，慈善不害命，國中安定太平，百姓安居樂業。不過法增後來接近惡友，荒廢政事。

「有一次，吏士忽然呈上訴訟案件，法增無暇閱覽，便下令處死。之後，詢問軍吏，罪犯在何處，軍吏回答：『已經處死。』法增昏厥倒地，甦醒後流淚說：『我為國王卻傷害人命，今日輕率地處死罪犯，簡直就是劊子手！不知今後將世世投生何處？我決定不再作國王了！』便捨棄王位進入山林修養。

「不久長者命終，投生作海中摩竭魚，身形長大七百由旬。那些自恃勢力，愚害百姓、剝削眾生的國王大臣，死後大多投生大摩竭魚，被各類小蟲噉食身軀，直到魚身潰爛生瘡。摩竭魚一覺睡了一百年，睡醒後很饑渴，便張開大口吸水，於是水像大河奔流注入。當時有商隊乘船，被魚嘴吸了進去，在將要進入魚腹時，商人們同時稱念：『南無佛！』魚聽佛名立刻閉口，水勢止息。商人們得以活命。摩竭大魚怕傷及眾生性命，忍渴而死，於是夜叉、羅剎及水神等，將魚身拖到海岸。魚身在日曝下，只剩骨頭，成了這座骨山。當時的法增長者便是你前身，因殺人的緣故，墮入大海為摩竭魚。你如今已經重新得到人身，如果這樣死去，將墮入地獄，再想出來就更困難了。」

福增比丘生起大怖畏心，體悟諸法無常，厭離生死，漏盡煩惱，證了阿羅漢果。

歸命釋迦尊
法身本無相
三身及化事
願覲是相衆

圓滿清淨覺
無相無不相
一切法皆然
咸作如是觀

乾隆奉恩鎮國公永珊偈